Hans Herbert von Arnim, geboren 1939, leitete nach dem Jura- und Volkswirtschaftstudium zehn Jahre lang das Karl-Bräuer-Institut des Bundes der Steuerzahler. Nach der Habilitation war er zunächst Professor an der Universität Marburg. Seit 1981 hat er den Lehrstuhl für öffentliches Recht und Verfassungslehre an der Hochschule für Verwaltungswissenschaften in Speyer inne, wo er zuletzt als Rektor tätig war. Seine Veröffentlichungen zur Politikfinanzierung haben in den letzten Jahren immer größere Wirkung auf die Praxis gehabt, so etwa bei den Diäten- und Versorgungsskandalen in Hessen, Hamburg und im Saarland. »Die Zeit« nennt ihn eine »Einmanninstanz« gegen Auswüchse des Parteienstaates, die mehr Gesetze aus den Angeln gehoben hat als jeder andere außer dem Bundesverfassungsgericht.

Von Hans Herbert von Arnim sind außerdem erschienen:

Demokratie ohne Volk (Band 80021)
Der Staat als Beute (Band 80014)
Staat ohne Diener (Band 80062)

Dieses Buch wurde auf chlor- und säurefreiem Papier gedruckt.

Originalausgabe Oktober 1995

Umschlaggestaltung Agentur Zero, München
Umschlagfoto dpa, München
Satz MPM, Wasserburg
Druck und Bindung Ebner Ulm
Printed in Germany
ISBN 3-426-80079-9

5 4 3 2 1

Hans Herbert von Arnim

»Der Staat sind wir!«

Politische Klasse ohne Kontrolle?

Das neue Diätengesetz

Knaur

Für Ulrike

Inhalt

Inhalt

Geleitwort

Die vorliegende Untersuchung enthüllt zwei bisher für unvorstellbar gehaltene Vorgänge. Zum einen wird ein von der Öffentlichkeit wahrgenommener und auch diskutierter Gesetzentwurf, basierend auf Vorschlägen einer Rechtsstellungskommission, gegen einen neuen Gesetzentwurf ausgetauscht, ohne daß es die Öffentlichkeit bemerkt hätte – und ohne daß sie es hätte bemerken sollen. Zum zweiten sollen die offensichtlich verfassungswidrigen Elemente dieses zweiten Gesetzentwurfes durch eine Grundgesetzänderung geheilt werden.
Professor Dr. Hans Herbert von Arnim ist es zu verdanken, daß er den zweiten Gesetzesentwurf im wahrsten Sinn des Wortes dechiffriert hat, was angesichts dessen Unlesbarkeit und damit Unverständlichkeit gar nicht anders zu bezeichnen ist. Daß dabei ein schier unglaubliches Gesetzesvorhaben zutage getreten ist, war auch von mir, der ich das Gesetzesvorhaben von Anfang an beobachtet habe, nicht für möglich gehalten worden.
Die Gefahren, die davon für die zukünftigen Entscheidungen auch der Länderparlamente ausgehen können, sind mehr als zu ahnen. Die demokratischen und rechtstaatlichen Prinzipien (Art. 20 Grundgesetz) würden mit Füßen getreten.
Professor Dr. Hans Herbert von Arnim muß daher für diese Arbeit ganz besonders gedankt werden.

Dr. Karl Heinz Däke
September 1995 — Präsident des Bundes der Steuerzahler

Vorwort

Am 14. Juni 1995 berichteten die Zeitungen von einer Pressekonferenz, auf der die Präsidentin des Bundestags Rita Süssmuth und einer ihrer Stellvertreter und gleichzeitig der Vorsitzende der sogenannten Rechtsstellungskommission, Hans-Ulrich Klose, eine »Parlaments- und Diätenreform« vorgestellt hatten. Grundlage war ein Bericht, den eine Kommission des Ältestenrates des Bundestags, eben jene Rechtsstellungskommission, erarbeitet hatte. Als der Verfasser telefonisch um die zugrunde liegenden Unterlagen bat, wurde ihm zunächst mitgeteilt, es gebe keine. Eine Woche später aber lud Herr Klose ihn überraschend zu einem Mittagessen für den 5. Juli 1995 nach Bonn ein und wollte ihm bei diesem Gespräch, das aus der Sicht des Verfassers enttäuschend verlief, auch die erbetenen Unterlagen übergeben; inzwischen hatte der Verfasser den Bericht der Rechtsstellungskommission und die Gesetzentwürfe der Bundestagsfraktionen der CDU/CSU und SPD vom 28. 6. 1995 aber schon von anderer Seite erhalten. (Einsichtnahme in die *Protokolle* der Rechtsstellungskommission, deren Existenz zunächst überhaupt in Abrede gestellt worden war, wurde dem Verfasser allerdings bisher verweigert.)

So blieben nur zwei Monate, um die vorliegende Schrift, die die Bonner Diätenpläne dechiffriert, analysiert und kritisiert, noch vor Verabschiedung des Gesetzes fertigzustellen. Es kostete den Verfasser Wochen intensiver Arbeit, sich erst einmal ein klares Bild vom *Inhalt* des Vorhabens zu machen.

Die Veröffentlichung des vollständigen Textes dieser Ausarbeitung soll öffentliche Kontrolle ermöglichen, die bei Entscheidungen des Parlaments in eigener Sache – neben der durch das Bundesverfassungsgericht – die einzige wirksame Kontrolle überhaupt ist.
Ich danke dem Knaur Verlag für die blitzartige Herstellung dieses Buches und dem Bund der Steuerzahler dafür, daß er einige Schwerpunkte am 6. September 1995 auf einer Pressekonferenz in Bonn vorstellte und damit die kritische öffentliche Diskussion eröffnete.

Speyer, September 1995 *Hans Herbert von Arnim*

1 Einleitung: Irreführung der Öffentlichkeit und Ausschaltung der Kontrollen?

Der Bundestag will seine Diäten[1] massiv aufstocken und sich dabei zugleich der Kontrolle durch Öffentlichkeit und Verfassungsgericht weitgehend entledigen. Die Gesetzentwürfe der Fraktionen der CDU/CSU und SPD vom 27. Juni 1995[2] wurden am 29. Juni in erster Lesung im Bundestag beraten[3] und sollen am 21. September 1995 vom Bundestag endgültig beschlossen werden. Die Öffentlichkeit hat die Brisanz dieses Vorhabens – dank einer parlamentarischen »Öffentlichkeitsarbeit«, die die öffentliche Kontrolle bisher hat leerlaufen lassen – noch nicht erkannt, ja bisher nicht einmal den Inhalt der Gesetzentwürfe zur Kenntnis genommen. Die jetzt maßgeblichen Vorlagen sind nämlich andere als die von Bundestagspräsidentin Süssmuth und Vizepräsident Klose Mitte Juni 1995 der Presse vorgestellten, weil sie unmittelbar vor der Einbringung und der ersten Lesung im Bundestag gegen die vorher öffentlich vorgestellten ausgetauscht worden sind.

In den folgenden Kapiteln werden zunächst die Vorgeschichte und das bisherige Gesetzgebungsverfahren skizziert (Kapitel 2), bevor der extrem unleserliche Gesetzentwurf dechiffriert wird, um die Basis für die Analyse und erste Einschätzung des Vorhabens zu gewinnen (Kapitel 3). Im Anschluß daran wird überprüft, ob Bundestagsabgeordnete wirklich einen Einkommensrückstand gegenüber anderen Einkommensbeziehern aufweisen; denn die da-

1 Anmerkungen (kapitelweise) ab Seite 168 ff.

hingehende These ist sozusagen »Geschäftsgrundlage« des ganzen Gesetzesvorhabens (Kapitel 4 mit Schaubild 4). Kapitel 5 enthält eine Auseinandersetzung mit weiteren Standardargumenten der Gesetzesinitiatoren, setzt die Bundestagsdiäten in Vergleich zu denen ausländischer Parlamente und fragt nach der wirtschaftlich-sozialen Verträglichkeit des Vorhabens. Nach der Zusammenfassung der Ergebnisse dieser Untersuchung und einer abschließenden Würdigung (Kapitel 7) folgen schließlich Vorschläge für ein besseres Alternativprogramm (Kapitel 8).

Kapitel 6 behandelt den verfassungspolitisch bedenklichsten Aspekt; es zeigt, wie das Parlament zur geräuschlosen Durchsetzung von Diätenerhöhungen in eigener Sache die beiden verbleibenden Kontrollinstanzen: die öffentliche Kontrolle und die Kontrolle durch das Verfassungsgericht, ausschalten will; es zeigt die mehrfache krasse Unvereinbarkeit des neuen Diätengesetzes mit der Rechtsprechung des Bundesverfassungsgerichts und den Versuch der großen Mehrheit des Parlaments, das Gericht durch eine Änderung des Grundgesetzes in Zukunft leerlaufen zu lassen. Damit wird das bisher immer stillschweigend geachtete Tabu, daß das Grundgesetz nicht im Interesse des Geldbeutels der Abgeordneten verändert werden darf, erstmals gebrochen und dadurch ein Präzedenzfall geschaffen – mit unabsehbaren verfassungspolitischen Konsequenzen: Sollte der Versuch des Bundestages gelingen, sich zum eigenen Wohle aller Kontrollen zu entledigen, würde dies überall Schule machen. Nicht nur die *Landes*parlamente werden flächendeckend folgen; das neue für die Regierenden so verführerische – weil sie praktisch kontrollos stellende – Verfahren dürfte dann über kurz oder lang auf alle anderen finanziellen und nichtfinanziellen Bereiche der Politik, wo Eigeninteressen der »politischen Klasse« im Spiel sind, übergreifen. Wird man das Wort Ludwigs XIV., des selbstherrlichen Sonnenkönigs: »Der Staat bin ich« in Zukunft neu bestimmen und auf die politische Klasse beziehen müssen, die dann sagen könnte: »Der Staat sind wir«?

Droht also ein neuer Absolutismus? Diesmal ein Absolutismus der politischen Klasse?

Der letzte der sechs Tausendmark-Schritte zur Erhöhung der Diäten von Bundestagsabgeordneten soll, so ist es geplant, am 1. Januar 2000 wirksam werden, also zu Beginn eines neuen Jahrtausends. Man könnte das Gesetz deshalb auch als »Jahrtausendgesetz« bezeichnen, dies allerdings nicht ohne Sarkasmus.

2 Vorgeschichte: Wie ein Gesetz vorbereitet und ein ganz anderes verabschiedet wird

Schon gleich nach der deutschen Wiedervereinigung häuften sich die Vorschläge, den auf nunmehr 672 Abgeordnete angewachsenen Bundestag massiv zu verkleinern. So äußerte die SPD-Finanzpolitikerin Matthäus-Maier Mitte 1991, der Bundestag müsse auf 500 Abgeordnete verkleinert werden.[1] Sie griff damit Vorschläge auf, die der Bund der Steuerzahler seit langem vertritt.[2]

Gleichzeitig versucht die Bundestagspräsidentin seit längerem, gut Wetter für eine massive Aufstockung der Abgeordnetendiäten zu machen. Ein von ihr betreutes Beratergremium hatte Mitte 1990 eine kräftige Erhöhung vorgeschlagen. Sein Bericht ließ jedoch sämtliche Ungereimtheiten und finanziellen Privilegien der Abgeordneten unbehandelt und wurde deshalb allgemein als zu einseitig beiseite gelegt.[3] Die Bundestagspräsidentin berief daraufhin im Jahre 1992 eine weitere Kommission unter Vorsitz des Präsidenten des Bundesarbeitsgerichts Otto Rudolf Kissel, die 1993 ebenfalls eine beträchtliche Erhöhung der Entschädigung vorschlug, aber nunmehr auch einen großen Teil der Abgeordnetenprivilegien durchmusterte und entsprechende Abbauvorschläge machte.[4]

Mitte 1993 übernahm der Vorsitzende der CDU/CSU-Fraktion Wolfgang Schäuble beide Vorschläge und schlug seinerseits vor, sie im Wege eines von ihm so genannten »Dreiklangs« mit dem Umzug des Bundestags nach Berlin zu verknüpfen.[5] Eine Erhöhung der Diäten werde eher akzeptiert, wenn der Bundestag auf

500 Abgeordnete (statt jetzt 672) verkleinert werde.[6] Der Vorsitzende der SPD-Bundestagsfraktion Rudolf Scharping schloß sich an: Die Zahl der Abgeordneten müsse »mit Blick auf die nächste Bundestagswahl« – 1998 oder früher – geändert werden. Zum Beispiel 550 Abgeordnete wären völlig ausreichend. Eine »leistungsgerechte Bezahlung« der Abgeordneten »wird dann öffentlich besser akzeptiert, wenn das Parlament verkleinert wird«.[7] Auch zahlreiche andere Politiker, wie zum Beispiel der Parlamentarische Geschäftsführer der FDP-Bundestagsfraktion Albowitz und der CDU-Abgeordnete Hoerster sprachen sich in Zeitungsgesprächen »für eine baldige Überprüfung der Abgeordnetenbezüge« aus.[8] Die Präsidentin des Bundestags Süssmuth und der Parlamentarische Geschäftsführer der FDP Jörg van Essen traten öffentlich für »eine maßvolle Anpassung« ein.[9] Gleichzeitig wurde die Thematik in Richtung auf eine allgemeine Parlamentsreform erweitert und vor allem auch eine Reform des Bundestagswahlrechts einbezogen. So erklärte der Parlamentarische Geschäftsführer der SPD-Bundestagsfraktion Peter Struck, bei dieser Gelegenheit müsse »das Wahlrecht insgesamt auf den Prüfstand«.[10] Dies erscheint auch insofern sinnvoll, als eine Verkleinerung des Bundestags ohnehin einen Neuzuschnitt der Wahlkreise erforderlich macht und man damit dann auch weitergehende Änderungen verbinden könnte.

Auf der Basis derartiger Überlegungen wurde die Rechtsstellungskommission des Bundestags wohl irgendwann im März 1995 unter dem Vorsitz des Vizepräsidenten des Bundestags Hans-Ulrich Klose vom Ältestenrat damit beauftragt, entsprechende Vorschläge auszuarbeiten.

Der Rechtsstellungskommission gehören folgende Abgeordnete an:

Vizepräsident Hans-Ulrich Klose, Vorsitzender
Abg. Dietrich Austermann
Abg. Ursula Burchardt

Abg. Dr. Dagmar Enkelmann
Abg. Jörg van Essen
Abg. Gerhard Scheu
Abg. Andreas Schmidt (Mülheim)
Abg. Wilhelm Schmidt (Salzgitter)
Abg. Dr. Dieter Schulte (Schwäbisch-Gmünd)
Abg. Werner Schulz (Berlin)
Abg. Dieter Wiefelspütz

Die Vorschläge der Rechtsstellungskommission wurden am 13. 6. 1995 von ihrem Vorsitzenden Klose und Bundestagspräsidentin Süssmuth öffentlich vorgestellt. Kerninhalte der öffentlichen Vorstellung waren laut Presseerklärung vom 13. 6. und Tagespresse vom 14. 6. 1995:

- Eine Erhöhung der Entschädigung, die derzeit 10 366 DM beträgt, in vier Jahresstufen von je fast 1000 DM, beginnend mit einer rückwirkenden Erhöhung zum 1. 1. 1995 auf 11 227 DM. Die vierte Stufe sollte zu einer ab 1. 1. 1998 wirksam werdenden Erhöhung der Entschädigung auf 13 809 DM führen (was dem derzeitigen Gehalt eines Richters an einem obersten Bundesgericht entspricht).
- Zum Ausgleich dafür solle eine Kürzung der Altersrenten[11] und Übergangsgelder für Abgeordnete erfolgen.
- Die ursprünglich angestrebte Änderung des Wahlrechts wurde wieder aufgegeben.
- Die Mitgliederzahl des Bundestags solle zwar verkleinert werden, aber nur »um maximal 100 Abgeordnete« auf unter 600 (nicht auf 500) Abgeordnete. Zudem solle diese Verkleinerung zeitlich von der Erhöhung der Bezüge abgetrennt werden: Während die Erhöhung der Diäten sogar mit Rückwirkung zum 1. 1. 1995 einsetzen und dann Jahr für Jahr drei weitere Erhöhungsstufen folgen sollten, solle die Verkleinerung des

Bundestags zwar dem Grundsatz nach alsbald beschlossen werden, vor der konkreten Beschlußfassung aber eine Kommission eingesetzt werden, die bis Frühjahr 1997 einen Bericht »zu allen im Zusammenhang mit einer Verkleinerung des Parlaments entscheidungserheblichen Fragen, wie insbesondere die des Neuzuschnitts der Wahlkreise«, vorzulegen habe. Die Verkleinerung soll ohnehin erst zu Beginn der 15. Wahlperiode, also ab dem Jahre 2002, wirksam werden.

- Weiter machte die Kommission eine Reihe von Vorschlägen zur Reform der Parlamentsarbeit wie Einführung einer Plenar-Kernzeit (»Donnerstags-Debatte«), Entlastung des Plenums durch Verlagerung von Fachdebatten in öffentliche Ausschußsitzungen, Neugestaltung der Regierungsbefragung, Sicherung der Beratungsfähigkeit durch Festlegung einer Mindestzahl von Anwesenden und Feststellung der Beschlußfähigkeit des Parlaments durch den Sitzungsvorstand.

Der Ältestenrat machte sich die Vorschläge der Rechtsstellungskommission zu eigen.[12] Sie sind (mit Ausnahme einiger, allerdings sehr instruktiver Anlagen) in einer Vorlage an den Bundestag vom 23. 6. 1995[13] enthalten. Was den Abbau der vielen überzogenen finanziellen Privilegien der Bundestagsabgeordneten anlangt, blieben die Vorschläge der Rechtsstellungskommission allerdings weit hinter denen der Kissel-Kommission zurück.[14]
Dann geschah jedoch etwas Merkwürdiges: Die Vorlage der Rechtsstellungskommission und des Ältestenrates wurde von den Bundestagsfraktionen der CDU/CSU und SPD unmittelbar vor der Einbringung in den Bundestag am 28. Juni und der ersten Beratung im Bundestag am 29. Juni[15] völlig verändert, ohne daß dies die Öffentlichkeit bisher gemerkt hätte – und ohne daß sie es wohl auch hätte merken *sollen.* Denn in der neuen Vorlage[16] wurde noch einmal kräftig »draufgesattelt«. Der nun maßgebliche Gesetzentwurf sieht statt vier Stufen bis 1998 (Erhöhung der Entschädi-

gung auf 13 809 DM) sechs Stufen bis ins Jahr 2000 vor (Erhöhung der Entschädigung auf etwa 16 500 DM), und auch die Rentenanwartschaften, besonders für amtierende Abgeordnete, werden massiv erhöht. Zugleich wird die Entschädigung unmittelbar an die Bezüge von Bundesrichtern gekoppelt; dies läuft der Rechtsprechung des Bundesverfassungsgerichts zuwider und war von der Rechtsstellungskommission noch ausdrücklich zurückgewiesen worden.

Durch das hastige Einbringen des Gesetzentwurfs wurde nicht nur der Grundsatz der Geschäftsordnung des Bundestags nicht eingehalten, daß Beratungen von Vorlagen frühestens am dritten Tag nach Verteilung der Drucksachen beginnen dürfen, es blieben auch alle gutgemeinten Ratschläge unbeachtet, bei Entscheidungen der vorliegenden Art die Öffentlichkeit nicht zu überfahren. »Gerade bei der Gesetzgebung in eigener Sache, bei der eine sonst schnell reagierende Öffentlichkeit nicht vorhanden ist, muß der Öffentlichkeit genügend Zeit zur Information und Meinungsbildung gewährt werden.«[17]

Inhaltlich mögen sich die Initiatoren zum Draufsatteln durch die – auch für sie selbst wohl überraschend – positive Resonanz auf die Pressekonferenz von Mitte Juni 1995 ermutigt gesehen haben, auf der die Vorschläge der Rechtsstellungskommission skizziert worden waren. Die Reaktion der Medien auf die Pressekonferenz schien ihnen zu signalisieren, die jahrelange Behauptung, Bundestagsabgeordnete seien unterbezahlt, es bestünde ein Einkommensrückstand gegenüber anderen Einkommen,[18] und die Diäten müßten zur Sicherung der Unabhängigkeit der Abgeordneten und der Attraktivität des Mandats für gutverdienende Seiteneinsteiger aus der Wirtschaft massiv erhöht werden,[19] habe ebenso ihre Früchte getragen wie die öffentlichen Behauptungen der Parlamentsspitze, im Gegenzug zur geplanten Erhöhung der Entschädigung würden die Altersrenten gesenkt.[20]

Die Änderungen durch die Fraktionen der CDU/CSU und SPD

sind unter anderem deshalb so enttäuschend, weil sie den Zusammenhang zwischen der Erhöhung der Diäten und der Verkleinerung des Bundestags vollends beseitigen. Nach den Vorstellungen der Rechtsstellungskommission sollte immerhin ein »Faustpfand« dafür verbleiben, daß es wirklich zur angekündigten Verkleinerung des Bundestags kommt: Über eventuelle *weitere* Anhebungen der Diäten über die Vorschläge der Rechtsstellungskommission (13 809 DM ab dem 1. 1. 1998) hinaus sollte nach ihrem Konzept erst im Jahre 1997 beraten und entschieden werden, also zu einem Zeitpunkt, in dem auch die Empfehlungen der »Verkleinerungskommission« auf dem Tisch liegen. Damit hätte für die reformbereiten Kräfte die Möglichkeit bestanden, die weitere Erhöhung der Entschädigung (und der Versorgung) davon abhängig zu machen, daß die Verkleinerung des Bundestags wirklich durchgeführt wird,[21] um durch dieses »Faustpfand« Druck auf Hardliner auszuüben. Dieser Rest von Wechselbezüglichkeit wird durch den Gesetzentwurf der Fraktionen der CDU/CSU und SPD nun vollends aufgehoben. Dadurch werden – gerade in Anbetracht des massiven Widerstandes der FDP und der Zurückhaltung auch der anderen kleinen Fraktionen – die Zweifel genährt, ob es dem Bundestag mit seiner Verkleinerung wirklich ernst ist und ob er die Kraft zu ihrer Konkretisierung und Durchführung finden wird. Die Ankündigung der späteren Verkleinerung des Bundestags hat nun nur noch den Wert eines ungedeckten Wechsels auf die Zukunft: Ist die Diätenerhöhung erst einmal ins Werk gesetzt, ergibt sich die Gefahr, daß die Verkleinerung des Bundestags später doch nicht mehr erfolgt, weil die Abgeordneten die »Gegenleistung« dafür schon besitzen und damit der nötige politische Druck erlahmt. Es ergibt sich damit die Gefahr, daß der frühere Grundsatzbeschluß – angesichts der bei seiner Durchführung auftretenden Schwierigkeiten – wieder revidiert wird. Und daß es bei der Verkleinerung große Schwierigkeiten geben wird, haben Bundestagspräsidentin Süssmuth[22]

und Vizepräsident Burkhard Hirsch[23] schon bei der ersten Lesung des Gesetzentwurfs betont.
Die Geheimhaltung der massiven und im Schnellverfahren durchgeführten »Verböserung« der Vorlage durch den neuen Gesetzentwurf der Fraktionen von CDU/CSU und SPD bewirkte, daß (fast) die gesamte bisherige öffentliche Diskussion über einen Gegenstand ging und geht, der gar nicht mehr relevant ist, und von einem Inhalt ausging und ausgeht (insbesondere der angeblichen Senkung der Altersrenten der Abgeordneten im Gegenzug zur Erhöhung der Entschädigung), der gar nicht zutrifft. Wie »erfolgreich« das parlamentarische Ablenkungsmanöver bisher war und wie sehr die öffentliche Diskussion auf abwegiges Gelände geschickt worden ist, zeigt etwa die Befragung von zehn Persönlichkeiten über die Beurteilung der Diätenerhöhung durch die Wochenzeitung *Die Woche*, die wie selbstverständlich vom bereits überholten Gesetzentwurf ausgeht.[24] Dieser Camouflage wurde dadurch Vorschub geleistet, daß der nun maßgebliche Gesetzentwurf der CDU/CSU- und SPD-Fraktionen – im Gegensatz zum Entwurf der Rechtsstellungskommission – keinerlei konkrete Zahlen mehr nennt, weder bei der Entschädigung noch bei der Altersentschädigung; er nimmt vielmehr eine schwer nachzuvollziehende, mit steigenden Prozentsätzen versehene unmittelbare Koppelung an die Besoldung von Bundesrichtern vor, ohne aber zu sagen, wie hoch diese ist. Dadurch wird es dem Leser fast unmöglich, sich über den Inhalt des nun maßgeblichen Gesetzentwurfs der CDU/CSU- und SPD-Fraktionen Klarheit zu verschaffen und die massiven Änderungen gegenüber dem ursprünglichen Entwurf der Rechtsstellungskommission auch nur zu erkennen.

3 Dechiffrierung: Was das Gesetz wirklich besagt

Die geplante Neuregelung der Diäten von Bundestagsabgeordneten nach dem Gesetzentwurf der Fraktionen der CDU/CSU und SPD ist von geradezu abschreckender Unzugänglichkeit. Das gilt bereits für die Ermittlung des zu versteuernden laufenden Gehalts (»Entschädigung«) eines Bundestagsabgeordneten (siehe dazu S. 26), der erhöhten Bezüge der Präsidentin und der Vizepräsidenten des Bundestags (S. 34) und der Doppelbezüge von Abgeordneten, die gleichzeitig Minister oder Parlamentarische Staatssekretäre sind (S. 36), noch viel mehr aber für den Anspruch der Abgeordneten (und der genannten Funktionsträger) auf Altersrente (»Altersentschädigung«, siehe dazu S. 44 ff.), der wirtschaftlich der gewichtigste Posten ist und deshalb in den Augen der Parlamentarier auch die größte Bedeutung besitzt. Auch beim Übergangsgeld (siehe S. 62 ff.) und bei der Kostenpauschale (S. 40 ff.) führt die Neuregelung zu besonderen Transparenzproblemen.

Dieser Befund steht im Gegensatz zur erklärten Zielsetzung aller Bemühungen um die Neuregelung der Bezahlung von Politikern. Sämtliche Initiativen gehen davon aus, Voraussetzung für eine glaubwürdige Reform seien Klarheit, Transparenz und allgemeine Verständlichkeit der Regelung.[1]

Will man ermitteln, welche finanziellen Ansprüche und Anwartschaften ein Bundestagsabgeordneter nach der geplanten Neuregelung haben wird, so muß man eine Fülle unterschiedlicher Beamten- und Finanzgesetze aus ganz verschiedenen Jahren heranziehen. Jedes einzelne von ihnen ist für sich genommen selbst für einen geschulten Juristen schon schwer zu verstehen. Zusätzlich sind viele komplizierte, hintereinandergeschaltete Rechenoperationen durchzuführen.

Leben von der Politik: Bezüge amtierender Abgeordneter

Entschädigung von Bundestagsabgeordneten

Die Höhe der Entschädigung von Bundestagsabgeordneten regelt § 11 des geplanten Abgeordnetengesetzes, der im folgenden im Wortlaut wiedergegeben ist, um dem Leser einen Eindruck aus eigener Anschauung zu vermitteln.

Geplante Bemessung der Entschädigung der einfachen Abgeordneten, der Präsidenten und der Vizepräsidenten des Bundestages (Wortlaut des § 11 des Gesetzentwurfes vom 28. 6. 95)

»§ 11 Abgeordnetenentschädigung

(1) Ein Mitglied des Bundestages erhält eine monatliche Abgeordnetenentschädigung in Höhe eines Zwölftels der jährlichen Bezüge eines Richters an einem obersten Bundesgericht (Besoldungsgruppe R6 – Grundgehalt, Ortszuschlag Stufe 2, Allgemeine Zulage, Zulage nach Nummer 2 der Anlage III zum Bundesbesoldungsgesetz in der Fassung vom 21. September 1994, BGBI. I S. 2646, Grundbetrag nach dem Gesetz über die Gewährung einer jährlichen Sonderzuwendung in der Fassung vom 23. Mai 1975, BGBI. I S. 266) nach dem Stand der für den Januar des jeweiligen Jahres geltenden Bezüge.

(2) Abweichend von Absatz 1 beträgt die monatliche Abgeordnetenentschädigung zur stufenweisen Heranführung an die Bezüge nach Absatz 1 Satz 1 für die Jahre 1995 bis 2000 mit Wirkung

vom 1. Januar 1995:	80 v. H.,
vom 1. Januar 1996:	84 v. H.,
vom 1. Januar 1997:	88 v. H.,
vom 1. Januar 1998:	92 v. H.,
vom 1. Januar 1999:	96 v. H.,
vom 1. Januar 2000:	100 v. H.

der jeweiligen Bezugsgröße im Sinne von Absatz 1 Satz 1.

(3) Der Präsident erhält eine monatliche Amtszulage in Höhe eines Monatsbetrages nach Absatz 1 und 2, seine Stellvertreter in Höhe der Hälfte eines Monatsbetrages nach Absatz 1 und 2.

(4) Der Auszahlungsbetrag der Abgeordnetenentschädigung und der Amtszulage vermindert sich in Ansehung der zu den Kosten in Pflegefällen nach § 27 gewährten Zuschüsse vom 1. Januar 1995 an um ein Dreihundertfünfundsechzigstel. Vom Zeitpunkt des Inkrafttretens des § 43 des Elften Buches Sozialgesetzbuch an vermindert sich der Auszahlungsbetrag um ein weiteres Dreihundertfünfundsechzigstel. Satz 2 gilt nur, wenn die Bundesregierung in der Rechtsverordnung nach Artikel 69 des Pflege-Versicherungsgesetzes festgestellt hat, daß die Aufhebung eines weiteren Feiertages, der stets auf einen Werktag fällt, notwendig ist.«

Die Vorschrift ist deshalb so unleserlich, weil, wie die nachträgliche Rekonstruktion ergibt, die Initiatoren des Gesetzentwurfs damit vier Ziele verfolgten: Erstens soll die Abgeordnetenentschädigung an den allgemeinen jährlichen Erhöhungen der Richter- bzw. der (damit übereinstimmenden) Beamtenbesoldung teilhaben. Zweitens wollen die Initiatoren eine gewaltige Erhöhung des Niveaus durchsetzen, indem sie die Entschädigung an die Bezüge von Bundesrichtern koppeln. Drittens wollen sie beiden Erhöhungsmaßnahmen dadurch eine bessere öffentliche Akzeptanz verschaffen, daß die Niveauerhöhung nicht auf einen Schlag erfolgt, weil sie dann zu hoch erschiene,[2] sondern in sechs Jahresschritten. Und – viertens – wird der Vergleich mit dem vorangehenden Gesetzentwurf der Rechtsstellungskommission und überhaupt das Verständnis des Inhalts des neuen Gesetzentwurfs dadurch unmöglich, daß keinerlei konkrete Beträge in Mark, sondern nur gewisse Prozentsätze und unverständliche Versatzelemente aus dem Beamtenbesoldungsrecht genannt werden.

Was also besagt die Neuregelung? Nach § 11 Abs. 1 des Gesetzentwurfs soll die Entschädigung »ein Zwölftel der jährlichen Bezüge eines Richters an einem obersten Bundesgericht« betragen. Allein um diese Richterbezüge zu ermitteln, sind neben dem Abgeordnetengesetz sechs weitere Gesetze heranzuziehen:

1. das Bundesbesoldungsgesetz in der Fassung vom 21. September 1994[3] zur Ermittlung des Grundgehalts, des Ortszuschlags der Stufe 2 und der Allgemeinen Zulage,
2. das Haushaltsstrukturgesetz 1975,[4] das die »Zulage nach Nr. 2 der Anlage III zum Bundesbesoldungsgesetz« (sogenannte Ministerialzulage) auf den Stand von 1975 festschreibt,
3. das Zweite Gesetz zur Vereinheitlichung und Neuregelung des Besoldungsrechts in Bund und Ländern vom 23. 5. 1975[5] einschließlich des Vierten Bundesbesoldungserhöhungsgesetzes vom 6. 8. 1975[6] zur Ermittlung des damaligen Standes und
4. das Gesetz über die Gewährung einer jährlichen Sonderzuwendung[7] (= 13. Gehalt). Da aber
5. das Bundesbesoldungs- und -versorgungsanpassungsgesetz

1994[8] die Sonderzuwendung auf den Stand von 1993 festschreibt, ist zu ihrer Ermittlung auch noch

6. das Bundesbesoldungs- und -versorgungsanpassungsgesetz von 1993[9] heranzuziehen.

Bis hierher rühren die Schwierigkeiten alleine von der Verworrenheit des Bundesbesoldungsrechts, einem ebenfalls dunklen Kapitel unserer Gesetzgebung. Aber es bestünde ja keine Notwendigkeit für den Bundestag, die Entschädigung ausgerechnet hieran zu knüpfen.
Die sich aus der vorstehenden Rechnung ergebenden Monatsbeträge und die Sonderzuwendung sind zusammenzuzählen und wiederum durch zwölf zu teilen, um die monatliche Entschädigung zu ermitteln. Einfacher wäre es gewesen, gleich die monatlichen Bezüge eines Bundesrichters zugrunde zu legen, weil auch im Bundesbesoldungsgesetz *Monats*beträge ausgewiesen sind. Doch hätte man dann dem Abgeordneten *offen* 13 Monatsgehälter (also zwölf Gehälter und die sogenannte Sonderzuwendung) zukommen lassen müssen, obwohl man bisher stets auf dem Standpunkt gestanden ist, ein 13. Gehalt sei mit dem Sinn der Abgeordnetenentschädigung unvereinbar.[10]
Von den so nach § 11 Abs. 1 des Gesetzentwurfs errechneten Bezügen sollen nach § 11 Abs. 2 Bundestagsabgeordnete rückwirkend zum 1. Januar 1995 80 v. H. erhalten. Dies sind bereits rund 11 000 DM und damit erheblich mehr, als die jetzige Entschädigung von 10 366 DM beträgt (siehe Tabelle 1, S. 30 f.). Der Prozentsatz erhöht sich zum 1. 1. 1996 und zu Beginn der folgenden Jahre jeweils um vier Prozentpunkte, so daß zum 1. 1. 2000 100 v. H. der Bezüge eines Bundesrichters der Besoldungsgruppe R6 erreicht werden (§ 11 Abs. 2). Von dem so ermittelten Betrag ist wiederum – als eine Art Beitrag zur Finanzierung des Pflegerisikos, für das der Abgeordnete ja die Beihilfe in Anspruch nehmen kann – ein Dreihundertfünfundsechzigstel abzuziehen (§ 11 Abs. 4).
Da die Bundesrichterbezüge ihrerseits voraussichtlich von Jahr zu

Tabelle 1: *Entschädigung von Bundestagsabgeordneten nach dem Gesetzentwurf der Fraktionen der CDU/CSU und SPD in den Jahren 1995 bis 2000 in DM monatlich (Annahme: Wachstum des Bundesrichtergehaltes 3 v. H. jährlich)*

Jahr	Steigerung %	Richterbezüge nach § 11 Abs. 1	n. § 11 Abs. 2 davon %	Zwischenergebnis	Abzug 1/365	Auszahlung	Mehrbetrag gegenüber Vorjahr	in %	Vergleich: Rechtsstellungskommission. Festbeträge	Mehrbetrag gegenüber Vorjahr	in %
Spalte Nr.	(1)	(2)	(3)	(4)	(5)	(6)	(7)	(8)	(9)	(10)	(11)
bisher (1995)		(irrelevant)				**10 366**			**10 366**		
1995		13 789	80	11 031	30	**11 001**	635	6,10	**11 227**	861	**8,26**
1996	6	14 617	84	12 278	34	**12 244**	1 243	11,31	**12 088**	861	**7,66**
1996	3	14 203	84	11 931	33	**11 898**	897	8,16	**12 088**		
1997	3	15 055	88	13 249	36	**13 212**	968	7,94	**12 948**	861	**7,14**
1997	3	14 629	88	12 874	35	**12 838**	941	7,90	**12 948**		
1998	3	15 506	92	14 266	39	**14 227**	1 015	7,71	**13 809**	861	**6,63**
1998	3	15 067	92	13 863	38	**13 825**	986	7,69	**13 809**		
1999	3	15 972	96	15 333	42	**15 291**	1 063	7,45			
1999	3	15 520	96	14 899	41	**14 858**	1 034	7,44			
2000	3	16 451	100	16 451	45	**16 407**	1 115	7,25			
2000	3	15 985	100	15 986	44	**15 942**	1 083	7,26			

Anmerkungen zu Tabelle 1 siehe nächste Seite.

Jahr steigen, müssen, um zu ermitteln, wie hoch die Abgeordnetenentschädigung im Jahre 2000 voraussichtlich ist, noch Annahmen über die Wachstumsraten der Richterbesoldung gemacht und in die Rechnung einbezogen werden. Daraus ergeben sich dann insgesamt sehr viel höhere Zuwachsraten für die Abgeordnetenentschädigung, als die im Gesetz genannten vier Prozentpunkte suggerieren (Tabelle 1). Die jährlichen Steigerungssätze der Entschädigung betragen (bei einer unterstellten Zunahme der Bundessrichterbesoldung um drei

---

Anmerkungen zu Tabelle 1:

1. Die grau unterlegten Reihen enthalten die Berechnung der Bezüge, wenn weder 1996 noch in den Folgejahren die Erhöhung der Besoldung zumindest rückwirkend für den Januar beschlossen wird. Wird 1996 eine Besoldungserhöhung beschlossen, die auf den Januar zurückwirkt, sind die weißen Zeilen zutreffend. Da die Abgeordneten selbst darüber entscheiden, ist eine solche Maßnahme nicht unwahrscheinlich. – Pfennigbeträge sind auf- oder abgerundet.
2. Die Steigerung des Monatsgehalts eines Richters an einem obersten Bundesgericht wurde mit 3% jährlich angenommen. Das entspricht einer jährlichen Erhöhung der Besoldung im öffentlichen Dienst von etwa 3,2%, da sich die in der Berechnung enthaltene Zulage nach Anlage III Nr. 2 BBesG nicht miterhöht sowie zumindest nach heutiger Gesetzeslage die jährliche Sonderzuwendung nicht gleich den übrigen Bezügen erhöht wird. Daß diese Annahmen eher vorsichtig, jedenfalls nicht unwahrscheinlich sind, folgt auch daraus, daß in der Rechtsstellungskommission vorgelegte Musterrechnungen von einem jährlichen Wachstum der Richterbezüge von 3,2% ausgingen.
3. Der Betrag für das Jahr 1995 ergibt sich aus den durch 12 geteilten Jahresbezügen (ohne Urlaubsgeld), die ein Richter an einem obersten Bundesgericht im Januar 1995 hatte und auf die § 11 Abs. 1 des Gesetzentwurfs Bezug nimmt.
4. Kürzung um 1/365stel gemäß § 11 Abs. 4 des Gesetzentwurfs.
5. Die gesamte Steigerung der Abgeordnetenentschädigung (derzeit noch DM 10 366) bis zum Jahr 2000 (15 942) beträgt 53,78% und bei der alternativ ausgewiesenen Erhöhung auf DM 16 407 sogar 58,27%.

Prozent pro Jahr) jährlich an die acht Prozent. Die gesamte Steigerung der Entschädigung bis ins Jahr 2000 beläuft sich auf 54 Prozent. Wirkt die zukünftige Erhöhung der Beamtenbezüge auf den Jahresanfang zurück, wie dies früher häufig der Fall war, so kann die Erhöhung der Entschädigung bis zum Jahr 2000 sogar 58 Prozent betragen. Denn der Teufel steckt im Detail, und scheinbar unbedeutende Formulierungen können unerwartete Auswirkungen haben: § 11 Abs. 1 des Gesetzentwurfs hebt nicht auf die *im* Januar gezahlten, sondern auf die »*für* den Januar des jeweiligen Jahres *geltenden* Bezüge« eines Richters an einem obersten Bundesgericht ab. Da das Parlament selbst auch über den *Zeitpunkt* des Inkrafttretens von Besoldungserhöhungen entscheidet, ist eine solche Rückwirkung durchaus nicht unwahrscheinlich.

Daß das Gesetz die zahlenmäßigen Beträge nicht nennt, überrascht zunächst; denn was die komplizierten Gesetzesformulierungen rückwirkend zum 1. 1. 1995 ergeben, liegt schon jetzt definitiv fest und läßt sich auf Heller und Pfennig berechnen. Gleiches gilt für 1996.[11] Für die Jahre 1997 bis 2000 lassen sich zumindest die zu erwartenden Größenordnungen abgreifen, so daß die Niederlegung konkreter Beträge im Gesetz durchaus möglich (und im Interesse der Transparenz ja ohnehin unerläßlich) wäre. So hatte denn auch die Rechtsstellungskommission ausdrücklich vorgeschlagen, die zahlenmäßigen Beträge der nach ihrer Vorstellung in vier Stufen steigenden Entschädigung für die Jahre 1995 bis 1998 jeweils exakt im Gesetz zu nennen, und entsprechende Gesetzesformulierungen unterbreitet.

Der nunmehr von den Fraktionen der Union und der SPD vorgelegte Gesetzentwurf rückt davon ab – ohne Not und ohne dies auch nur mit einem Wort zu begründen. Ein Motiv liegt vermutlich darin: Die Rechtsstellungskommission hatte vorgeschlagen, daß der Bundestag jetzt »nur« eine Erhöhung der Entschädigung in vier Stufen auf 13 809 DM (im Jahre 1998) beschließt[12] und über mögliche weitere Maßnahmen erst im Jahre 1997 »unter Beachtung der bis dahin eingetretenen gesamtwirtschaftlichen Entwicklung« entscheidet.[13]

Dementsprechend hatte die Parlamentsspitze (insbesondere Bundestagspräsidentin Süssmuth und Vizepräsident Klose) auch nur von einer vierstufigen Erhöhung der Entschädigung bis auf 13 809 DM ab dem 1. 1. 1998 gesprochen, was eine Erhöhung gegenüber der derzeitigen Entschädigung von 10 366 DM um 33 Prozent bedeutete. Dementsprechend waren auch die Berechnungen der Rechtsstellungskommission über die vorgesehenen Erhöhungen der Altersversorgung für künftige Abgeordnete auf eine Entschädigungshöhe von 13 809 DM bezogen.[14] Der nunmehr maßgebliche Gesetzentwurf der Fraktionen der CDU/CSU und SPD, der unmittelbar vor der Einbringung und der ersten Lesung im Bundestag gegen den Entwurf der Rechtsstellungskommission ausgetauscht wurde, stellt jetzt aber die Weichen für Erhöhungen der Entschädigung in *sechs* Stufen auf voraussichtlich fast 16 000 DM bzw. 16 500 DM (im Jahre 2000)[15] – das ist eine Steigerung um 54 bzw. 58 Prozent – und für Erhöhungen der Altersrente amtierender Abgeordneter um 40 Prozent.[16] Diese Prozentsätze gehen weit über die von der Rechtsstellungskommission beschlossenen hinaus; hätte man sie genannt, wäre die Abweichung von der Rechtsstellungskommission offenbar geworden.

Im einzelnen ergibt sich: Unterstellt man, daß die Bezüge eines Bundesrichters (Besoldungsgruppe R6) jährlich um etwa drei Prozent wachsen und das Wirksamwerden der Erhöhungen wieder auf den 1. Januar zurückbezogen wird (Näheres siehe Tabelle 1, S. 30), so errechnen sich für die Entschädigung einfacher Bundestagsabgeordneter folgende Beträge:

Bisherige Höhe		10 366 DM
Rückwirkend zum	1. 1. 1995	11 001 DM
	1. 1. 1996	12 244 DM
	1. 1. 1997	13 212 DM
	1. 1. 1998	14 227 DM
	1. 1. 1999	15 291 DM
	1. 1. 2000	16 406 DM

Das ist, wie schon erwähnt, eine Steigerung um fast 60 Prozent. In den Jahren danach wird sich die Entschädigung, sollte der Gesetzentwurf verabschiedet werden, im selben Schritt wie die Bezüge von Bundesrichtern entwickeln. Geht man von einem durchschnittlichen jährlichen Wachstum von drei Prozent aus, wird sich die Entschädigung im Jahre 2023 gegenüber dem Stand von 2000 noch einmal verdoppelt haben, also über 32 000 DM betragen (siehe Tabelle 2, S. 159).

Die Schwierigkeit, zu ermitteln, was Bundestagsabgeordnete verdienen, erschwert auch den Zugang zu den direkt oder indirekt an die Höhe der Entschädigung geknüpften weiteren Bezügen, etwa der Präsidentin und der Vizepräsidenten des Bundestags (siehe unten), der Bundesminister und Parlamentarischen Staatssekretäre (S. 36) und der (deutschen) Europaabgeordneten (S. 39); gerade diese Fälle sind aber von gesteigerter Problematik.

Entschädigung und steuerfreie Pauschalen der Präsidentin des Bundestags und ihrer Stellvertreter

Die *Bundestagspräsidentin* erhält nach § 11 Abs. 2 (vgl. Wortlaut S. 26 f.) die doppelten Bezüge:

Bisherige Höhe		20 732 DM
Rückwirkend zum	1. 1. 1995	22 002 DM
	1. 1. 1996	24 489 DM
	1. 1. 1997	26 425 DM
	1. 1. 1998	28 454 DM
	1. 1. 1999	30 582 DM
	1. 1. 2000	32 812 DM

Der Gesetzentwurf führt also dazu, daß sich die steuerpflichtigen Bezüge der Bundestagspräsidentin um voraussichtlich über 12 000 DM monatlich erhöhen.

Die vier *Vizepräsidenten* des Bundestags erhalten nach § 11 Abs. 2 die eineinhalbfachen Bezüge:

Bisherige Höhe		15 549 DM
Rückwirkend zum	1. 1. 1995	16 502 DM
	1. 1. 1996	18 367 DM
	1. 1. 1997	19 818 DM
	1. 1. 1998	21 341 DM
	1. 1. 1999	22 937 DM
	1. 1. 2000	24 609 DM

Der Gesetzentwurf führt also dazu, daß sich die steuerpflichtigen Bezüge der vier Vizepräsidenten des Bundestags um voraussichtlich über 9000 DM monatlich erhöhen.
Ein weiterer Grund, warum der Gesetzentwurf – entgegen den ausdrücklichen Empfehlungen der Rechtsstellungskommission – keine zahlenmäßigen Beträge mehr für die Höhe der Abgeordnetenentschädigung nennt, könnte darin liegen, daß dann auch die zu erwartende Höhe der Bezüge der Mitglieder des Präsidiums des Bundestags öffentlich bekannt geworden wäre. Die zu erwartende Anhebung der Entschädigung um fast 60 Prozent drängt die Frage ja förmlich auf, ob es – angesichts der stark erhöhten Beträge – noch zu rechtfertigen ist, an der bisherigen Regel festzuhalten, daß die Präsidentin das *Doppelte* und die Vizepräsidenten das *Eineinhalbfache* der normalen Entschädigung erhalten. Berücksichtigt man, daß die Entschädigung »einfacher« Abgeordneter sich in Zukunft nach den Bezügen »einfacher« Bundesrichter (Besoldungsgruppe R6) bemessen soll, so liegt die Frage nicht ganz fern, ob sich nicht auch die Bezüge der Bundestagspräsidentin nach denen der Präsidenten der obersten Bundesgerichte richten sollten (Besoldungsgruppe R10), die aber nur knapp 50 Prozent über denen einfacher Richter liegen (vgl. Tabelle 4 im Anhang, S. 160). Die entsprechende Frage stellt sich auch hinsichtlich der Vizepräsidenten des Bundestags: Vizeprä-

sidenten der obersten Bundesgerichte erhalten mit der Besoldungsgruppe R8 nur etwa zehn Prozent höhere Bezüge als ihre einfachen Richterkollegen (vgl. Tabelle 3 im Anhang, S. 160).
Derartige Fragen stellen sich erst recht, wenn man bedenkt, daß die Bundestagspräsidentin zusätzlich noch – ohne daß irgendwelche Nachweise über besonderen mandatsbedingten Aufwand erforderlich wären – eine steuerfreie Pauschale von monatlich ca. 6500 DM (ca. 4500 DM Abgeordnetenpauschale plus 2000 DM Sonderpauschale als Bundestagspräsidentin) erhält. Die Kostenpauschale bleibt trotz ihrer politischen und verfassungsrechtlichen Problematik nach dem Gesetzentwurf voll erhalten; der Gesetzentwurf sieht obendrein eine Indexierung vor und eröffnet sogar die Möglichkeit zu einer sprunghaften Anhebung der Pauschale außerhalb des Gesetzgebungsverfahrens durch nicht öffentlich verhandelnde Gremien (Näheres siehe S. 40 ff.). Andererseits ist es – angesichts des umfangreichen Apparats, über den die Bundestagspräsidentin verfügt, und angesichts dessen, daß sie von ihrer hohen steuerpflichtigen Zulage auch eine Wohnung in Bonn bezahlen kann – alles andere als sicher, daß sie die Pauschale in vollem Umfang für mandats- und amtsbedingten Aufwand benötigt. Soweit dies nicht der Fall ist, läuft die Pauschale auf ein zusätzliches steuerfreies Einkommen hinaus. Entsprechende Fragen stellen sich bei den vier Vizepräsidenten des Bundestags; sie erhalten zusätzlich eine steuerfreie Aufwandsentschädigung von (schon jetzt) 5100 DM (4500 DM plus 600 DM).

Bezüge und steuerfreie Pauschalen von Bundesministern und Parlamentarischen Staatssekretären

Bundesminister erhalten Amtsbezüge von zur Zeit etwa 22 800 DM,[17] Parlamentarische Staatssekretäre von etwa 17 100 DM. Sind sie, wie in aller Regel, gleichzeitig Mitglieder des

Bundestags, erhalten sie zusätzlich zu ihren Amtsbezügen nach § 29 Abs. 1 AbgG noch die Hälfte der Abgeordnetenentschädigung. Wächst diese von derzeit 10 366 DM auf etwa 16 500 DM, also um gut 6000 DM, so steigen damit automatisch auch die Bezüge der Bundesminister und Parlamentarischen Staatssekretäre um gut 3000 DM monatlich. (Diese Steigerungen kommen zu den »normalen« Steigerungen hinzu, um die die Ministergehälter ohnehin wachsen.) Dies ist ein höchst merkwürdiges Ergebnis: Die Einrichtung der Parlamentarischen Staatssekretäre ist sowieso umstritten,[18] die hälftigen Abgeordnetenbezüge für Minister und Parlamentarische Staatssekretäre sind es noch mehr. Das Bundesverfassungsgericht hat hier im Diätenurteil eine Anrechnung entsprechend den beamtenrechtlichen Grundsätzen verlangt.[19] Demgemäß haben einige Länder die Abgeordnetenentschädigung für Minister und Staatssekretäre gänzlich beseitigt (Niedersachsen) oder auf ein Viertel beschränkt (Hessen, Mecklenburg-Vorpommern, Sachsen-Anhalt, Schleswig-Holstein), und die Kissel-Kommission hat auch für Bundestagsabgeordnete eine Absenkung auf ein Viertel der Abgeordnetenentschädigung verlangt.[20] Doch der Gesetzentwurf der Fraktionen der CDU/CSU und SPD läßt jegliche Einschränkung vermissen.[21] Die Problematik gewinnt durch die fast 60prozentige Erhöhung der Entschädigung auch für Minister und Parlamentarische Staatssekretäre sogar noch erheblich an Gewicht. Besonders verrückt wird es, wenn ein Minister nach seinem Ausscheiden aus Amt und Mandat nicht nur das ohnehin weit überzogene Ministerübergangsgeld[22] erhält, sondern zusätzlich noch mindestens die Hälfte der Abgeordnetenentschädigung als Abgeordneten-Übergangsgeld damit kumuliert.

Das Fortbestehen dieser allgemein als nicht haltbar angesehenen Privilegien erscheint um so mißlicher, als Bundesminister und Parlamentarische Staatssekretäre, die Mitglieder des Bundestags sind, zusätzlich zur hälftigen Entschädigung auch noch drei Viertel der steuerfreien Kostenpauschale von Abgeordneten (ca. 6000

DM)[23] behalten, obwohl sie diese monatlichen 4500 DM – neben der Dienstaufwandsentschädigung, die Bundesminister ohnehin erhalten (monatlich 600 DM) – offensichtlich nicht, jedenfalls nicht in diesem Umfang, für mandatsbedingten notwendigen und besonderen Aufwand benötigen:[24] Zusätzlich zu dem jederzeit verfügbaren und auch für Zwecke des Abgeordnetenmandats einsetzbaren Dienstwagen des Ministers mit Fahrer (für dessen Nutzung die Kostenpauschale um die erwähnten 25 Prozent gesenkt wird), hat der Minister auch keine Mehraufwendungen am Sitz des Bundestags (Tagegeld, Zweitwohnung etc.), weil er als Amtsinhaber ohnehin am Sitz der Bundesregierung, die gleichzeitig Sitz des Bundestages ist, tätig sein muß. Die weit überzogene Kostenpauschale für Minister und Parlamentarische Staatssekretäre führt zu einem erheblichen weiteren und auch noch steuerfreien Zusatzeinkommen von Ministern. Daß diese Regelung mit dem Gleichheitsgrundsatz unvereinbar und deshalb verfassungswidrig ist, wird kaum mehr bestritten.

Wenn es darum geht, eine Größenordnung abzugreifen, die auch der Minister insbesondere für die Betreuung des Wahlkreises braucht, so liegt es nahe, die Wahlkreisbetreuungspauschale, die die Kissel-Kommission in Höhe von 1000 DM vorgeschlagen hat, zugrunde zu legen. Die darüber hinausgehenden Teile der Kostenpauschale in Höhe von etwa 3500 DM wären ungerechtfertigtes steuerfreies Zusatzeinkommen.

Würde dem Verlangen der Kissel-Kommission entsprochen und würden mandatsbedingte Aufwendungen (oberhalb der von ihr vorgeschlagenen »Wahlkreisbetreuungspauschale« von 1000 DM) nur noch gegen Einzelnachweis erstattet,[25] würde sich das Problem ohnehin weitgehend erledigen. Doch die Rechtsstellungskommission und der Gesetzentwurf der Bundestagsfraktionen der CDU/CSU und SPD vom 26. 6. 1995, die ja an der bisherigen Kostenpauschale festhalten wollen, ignorieren auch diese Problematik gänzlich. Weder ist eine Absenkung der überzogenen steuerfreien Pauschalen für Minister und Parlamentarische Staatssekretäre vorgesehen, noch wird das Problem auch nur angesprochen. Es könnte nach dem Gesetzentwurf der Fraktionen der CDU/CSU und SPD sogar umgekehrt zu einer beträchtlichen Anhebung der Kostenpauschale ab Januar 1996 kommen (siehe S. 40 ff.).

Entschädigung und steuerfreie Erstattungen von Europaabgeordneten

Die Bezüge der 99 Europaabgeordneten, die die Bundesrepublik ins Parlament von Straßburg entsendet, sind ebenfalls an die Regelungen im Abgeordnetengesetz des Bundes angelehnt (Art. 2 des Gesetzentwurfs). Dementsprechend soll auch ihre Entschädigung bis zum Jahr 2000 auf ca. 16 500 DM steigen. Daneben erhalten sie eine steuerfreie Kostenpauschale, die mit rund 5300 DM (= 2926 ECU) fast genauso hoch ist wie die von Bundestagsabgeordneten, und einige weitere Vergünstigungen nach dem Abgeordnetengesetz.

Diese Regelungen sind bei Europaabgeordneten doppelt problematisch, weil Europaabgeordnete zusätzlich besonders üppige Fahrtkostenerstattungen und Tagegelder erhalten: 1,44 DM (= 0,76 ECU) pro Kilometer für die ersten 400 Kilometer Anreise nach Straßburg und 0,72 DM (= 0,38 ECU) für jeden weiteren Kilometer, zusätzlich für jeden Tag ein Tagegeld von rund 400 DM (= 213 ECU).[26]

Alle Zweifel an der Berechtigung einer massiven Erhöhung der Entschädigung für Bundestagsabgeordnete müssen sich für Europaabgeordnete verdoppeln. Die Bürger wissen in aller Regel gar nicht, wer sie in Straßburg vertritt. Das reine Listenwahlrecht zum Europaparlament bewirkt, daß allein die Partei die Mandate vergibt. Die Kandidaten werden – abgesehen von den ersten zehn – nicht einmal auf den Wahllisten namentlich genannt. Das veranlaßte den Wirtschaftsprofessor Carl-Christian von Weizsäcker, vor der letzten Europawahl im Juni 1994 öffentlich zu bekennen, er werde sich nicht an der Wahl beteiligen, weil er die Abgeordneten alle nicht kenne. Abgeordnete, die allein von der Partei ausgewählt sind und die niemand kennt, kann man aber allenfalls noch aus Gewohnheit als »Volksvertreter« bezeichnen. Die Möglichkeiten des Europaparlaments sind zudem ausgesprochen begrenzt. Die Gesetzgebung der Europäischen Union liegt beim Rat, nicht beim Parlament. Es fällt deshalb auch kaum jemandem auf, wenn manche Abgeordnete in Straßburg monatelang überhaupt nicht präsent sind und ihren sonstigen Geschäften nachgehen. Wenn das Europaparlament als Abstellkammer für ausgediente Politiker apostrophiert wird, ist dies so falsch nicht. Man lese einmal die Liste der deutschen Abgeordneten. Gestaltungsorientierte Politiker pflegen kaum an einem Mandat in Straßburg interessiert zu sein. Warum sollten die Bezüge dieser im Verhältnis zu ihren Aufgaben und ihrem Einsatz schon jetzt mehr als gut bezahlten sogenannten Volksvertreter eigentlich auch noch um 60 Prozent steigen?[27]

Das 72 000-Mark-Privileg: Die steuerfreie Kostenpauschale

Hinsichtlich der Kostenpauschale der Abgeordneten von derzeit etwa 6000 DM monatlich, also 72 000 DM im Jahr, ist nicht nur ärgerlich, daß der Gesetzentwurf wiederum keine Einzelabrechnung vorsieht, obwohl auch die Kissel-Kommission dies (wie auch seit langem der Bund der Steuerzahler) mit Recht nachdrücklich verlangt hat.[28]

Eine für alle Abgeordneten einheitlich hohe Kostenpauschale, die ohne Rücksicht auf die tatsächlich jeweils anfallenden Aufwendungen gezahlt wird, ist auch verfassungsrechtlich nicht zu halten.[29]

Denn das Bundesverfassungsgericht hat eine wirkliche Orientierung der Kostenpauschale am tatsächlichen Aufwand gefordert.[30] Das verlangt eine Überprüfung der typischerweise tatsächlich anfallenden Kosten und eine Differenzierung zumindest entsprechend den unterschiedlichen typischen Fallgruppen. An beidem fehlt es.

Im übrigen erscheinen die entsprechenden Bestimmungen des Gesetzentwurfs der Fraktionen der CDU/CSU und SPD aber relativ harmlos – wenn man verfassungswidrige Regelungen überhaupt als »harmlos« bezeichnen kann –, jedenfalls auf den ersten Blick: Es soll zunächst bei dem bisherigen Betrag von knapp 6000 DM bleiben, der allerdings ab 1996 eine Anpassung an Preissteigerungen erfahren soll, die dann zum 1. Januar eines jeden folgenden Jahres wiederholt wird. § 12 Abs. 2 lautet folgendermaßen:

»Geplantes Verfahren zur Festlegung der Kostenpauschale (Wortlaut des § 12 Abs. 2 des Gesetzentwurfs vom 28. 6. 1995)

(2) Ein Mitglied des Bundestages erhält eine monatliche Kostenpauschale für den Ausgleich von:

1. Bürokosten
   zur Unterhaltung eines eingerichteten Wahlkreisbüros außerhalb des Sitzes des Bundestages, einschließlich Miete und Nebenkosten, Inventar und Büromaterial, Literatur und Medien, Porto und Telefon,
2. Unterkunfts- und Verpflegungsmehrkosten
   am Sitz des Bundestages und bei Reisen mit Ausnahme von Auslandsdienstreisen,
3. Fahrtkosten
   für Fahrten in Ausübung des Mandats innerhalb der Bundesrepublik Deutschland unbeschadet der Regelungen in den §§ 16 und 17 und

4. Sonstige Kosten
für andere mandatsbedingte Kosten (Repräsentation, Einladungen, Wahlkreisbetreuung usw.), die auch sonst nicht aus dem der Lebensführung dienenden beruflichen Einkommen zu bestreiten sind.

Die Kostenpauschale wird zum 1. Januar eines jeden Jahres der Entwicklung der allgemeinen Lebenshaltungskosten und spezifischer Preisindizes angepaßt. Das Nähere über die Höhe der am tatsächlichen Aufwand orientierten pauschalierten Einzelansätze und die Anpassung regeln das Haushaltsgesetz und Ausführungsbestimmungen, die vom Ältestenrat zu erlassen sind. Bis zur erstmaligen Anpassung zum 1. Januar 1996 beträgt die Kostenpauschale 5978 Deutsche Mark.«

Der Wortlaut der Sätze 2 bis 4 erweckt den Eindruck, als sei – anders als bei der Entschädigung – bei der Kostenpauschale eine sprunghafte Erhöhung des Niveaus ausgeschlossen. Der Pferdefuß der Regelung ist nur für den Kundigen ersichtlich: Der Gesetzentwurf sagt nichts über den Bezugszeitpunkt für die Anpassungen an Preissteigerungen. Die Frage ist, ob bei der zum 1. Januar 1996 vorgesehenen ersten Anpassung nur die Preissteigerungen des Jahres 1995 oder auch die Preissteigerungen früherer Jahre ausgeglichen werden dürfen. Da die Entscheidung darüber in die Hand nicht öffentlich verhandelnder Gremien des Bundestags, nämlich des Ältestenrats und des Haushaltsausschusses, gelegt ist und sich – entgegen dem Wortlaut der Bestimmung (»Haushaltsgesetz«) – die Entscheidungen nach der bisherigen Praxis nicht im Gesetz, sondern nur in einem der Tausende Titel des Haushalts*plans* niederschlagen, fehlt es an öffentlicher Kontrolle, so daß die Entscheidungen praktisch *kontrollos* sind. Was dies bei Entscheidungen des Parlaments in eigener Sache bedeutet, liegt auf der Hand. Die in solchen Fällen zu erwartenden überproportionalen Wachstumsraten lassen sich aus der Geschichte der Politikfinanzierung vielfach belegen (Beispiele in Kapitel 6).

Die Rechtsstellungskommission hatte noch eine Sperre gegen Anpassungen an Preiserhöhungen vorgesehen, die weiter als in das Jahr 1995 zurückreichen. In ihrem Bericht hieß es hinsichtlich des Bezugszeitpunkts für die Anpassung ausdrücklich: »Ausgangspunkt ist dabei das Jahr 1995. Frühere Preissteigerungen bleiben unberücksichtigt.«[31] Dieser Satz fehlt in den Gesetzentwürfen vom 28. 6. 1995 und ihrer Begründung. Berücksichtigt man, daß die Bundestagspräsidenten in ihren früheren Berichten nicht nur hinsichtlich der Entschädigung (siehe dazu Kapitel 6), sondern auch hinsichtlich der Kostenpauschale einen angeblichen Nachholbedarf ermittelt haben, und zwar gerade hinsichtlich der Kostenpauschale in gewaltiger Größenordnung,[32] und berücksichtigt man weiter, daß der Gesetzentwurf auch die Regelung der »Höhe der am tatsächlichen Aufwand orientierten Einzelansätze« ausdrücklich in die Hand des Ältestenrats und des Haushaltsausschusses gegeben hat, so wird deutlich, welches Erhöhungspotential der Gesetzentwurf hier eröffnet und wie groß die Wahrscheinlichkeit ist, daß in dem abgedunkelten (weil aus dem öffentlichen Gesetzgebungsverfahren herausgenommenen) Verfahren dieses Potential auch ausgeschöpft wird. Obendrein will der Gesetzentwurf die bisherigen drei Einzelansätze des § 12 Abs. 2 Satz 1, Ziffern 1 bis 3 um einen vierten Ansatz erweitern und dadurch ein zusätzliches Erhöhungspotential schaffen, obwohl der zusätzliche Ansatz mit »Repräsentation« und »Einladungen« Posten enthält, die gar nicht berücksichtigungsfähig sein dürften, weil sie keinen »besonderen« Aufwand darstellen.[33]

Der redlich denkende Leser mag meinen, die vorstehend skizzierte Möglichkeit sei nur eine ganz entfernte, mit deren Verwirklichung in der Praxis nicht gerechnet zu werden brauche. Doch ist solches erst kürzlich in einem vergleichbarem Fall in Thüringen geschehen. Dort war eine Vorschrift in die Landesverfassung eingefügt worden, die vorsieht, daß die Höhe der Entschädigung sich jährlich »nach Maßgabe der allgemeinen Einkommens-, die der Aufwandsentschädigung nach Maßgabe der allgemeinen Preisentwicklung« im Freistaat Thüringen verändert (Art. 54 Abs. 2 ThürVerf). Bei Beschlußfassung über diese Vorschrift, die mit der gesamten Verfassung am 16. Oktober 1994 einer Volksabstimmung unterzogen wurde, wurde in der Öffentlichkeit tunlichst der Eindruck vermieden, damit sei keine Anpassung an Einkommens- und Preisentwicklungen *früherer* Jahre programmiert.[34] Just eine solche rückwirkende Anpassung wurde dann aber wenige Monate danach – unter Berufung auf die genannte Verfassungsvorschrift – vorgenommen, was zu einer sprunghaften Erhöhung der Diäten führte: der Entschädigung um 43 Prozent, der Aufwandsentschädigung um ca. 13 Prozent.[35]

Die Sorge der Abgeordneten für ihre Versorgung: Alters-, Hinterbliebenen- und Invaliditätsrenten

Es ist schon schwierig zu ermitteln, was sich hinter den (soeben behandelten) Bestimmungen über die Abgeordnetenentschädigung (§ 11) und die Kostenpauschale (§ 12 Abs. 2) verbirgt; aber die vorgesehenen Bestimmungen über die Altersrente (»Altersentschädigung«) setzen dem Verständnis des Interpreten noch viel größere Hürden entgegen. (Entsprechendes gilt für die Hinterbliebenen- und die Invaliditätsrenten.) Hier soll es in Zukunft zwei unterschiedliche Regelungen geben: die eine für solche Abgeordnete, die ab 1998 erstmals in den Bundestag gewählt werden, die andere für ehemalige Abgeordnete, also für solche, die bereits aus dem Bundestag ausgeschieden sind. Eine dritte Gruppe sind die Abgeordneten, die derzeit im Bundestag sind, die also das Gesetz beschließen sollen, sie können zwischen beiden Alternativen wählen, also die für sie günstigere in Anspruch nehmen. Überraschend viel günstiger aber ist – dieses Ergebnis sei hier schon vorweggenommen – regelmäßig die für ehemalige Abgeordnete vorgesehene Regelung.

Künftige Abgeordnete

Nach dem *einen* System (für zukünftige Abgeordnete) sollen im Gegenzug zur vorgesehenen Anhebung der Entschädigung die Prozentsätze für die Berechnung der Altersrente gesenkt werden (§ 20 ff. AbgG in der Fassung des Gesetzentwurfs): Nach acht Jahren im Bundestag soll der Abgeordnete einen Anspruch auf 24 v. H. der erhöhten Entschädigung (nicht wie bisher 35 v. H. der derzeitigen Entschädigung) erhalten und für jedes weitere Jahr im Bundestag drei v. H. der Entschädigung (bisher vier v. H.), so daß die Höchstversorgung von 69 v. H. der Entschädigung (bisher 75 v. H.) nach 23 Jahren (bisher nach 18 Jahren) erreicht wird. Diese Ansätze, die Prozentsätze bei der Altersversorgung zu kürzen, bleiben zwar hinter den Kürzungsvorschlägen der Kissel-Kommission zurück, insbesondere weil sie die Höchstversorgung bei 69 v. H. der Entschädigung belassen (und nicht wie die Kissel-Kommission auf 60 v. H. der Entschädigung kürzen) wollen und bei längeren Parlamentszeiten eine Auszahlung schon ab vollendetem 55. Lebensjahr beibehalten (nicht, wie die Kissel-Kommission vorgeschlagen hat, frühestens nach Ablauf des 63. Lebensjahres). Gleichwohl soll die vorgesehene Neuerung, folgt man den öffentlichen Darlegungen der Initiatoren des Gesetzes, regelmäßig zu geringeren Ansprüchen auf Altersversorgung führen als bisher. Zum Beleg dafür hat die Rechtsstellungskommission eine Tabelle vorgelegt, die die bisher geltende Altersversorgung derjenigen gegenüberstellt, die künftig gelten soll (abgedruckt in Tabelle 5, S. 46 f., Spalten 1 und 2). Doch berechnet diese Tabelle die Altersrenten noch auf der Basis einer

Tabelle 5: *Monatliche Altersrente von künftigen Bundestagsabgeordneten nach den Gesetzentwürfen der Rechtsstellungskommission und der Fraktionen der CDU/CSU und SPD*

Mandatszeit	Nach geltendem Recht: Bezugsgröße: DM 10 366	Empfehlung der Rechtsstellungskommission (BTDrucks. 13/1803) Bezugsgröße Bezüge 1. 1. 98: DM 13 809	Gesetzentwurf der CDU/CSU und SPD (BT-Drs. 13/1825) Bezugsgröße Bezüge 1. 1. 2000: DM 16 407
Spalte Nr.	(1)	(2)	(3)
nach 8 Jahren: Bezugszeitpunkt:	35% 3 628 DM 65. Lebensjahr	24% 3 314 DM 65. Lebensjahr	24% **3 938 DM** 65. Lebensjahr
nach 12 Jahren: Bezugszeitpunkt:	51% 5 287 DM 61. Lebensjahr	36% 4 921 DM 61. Lebensjahr	36% **5 906 DM** 61. Lebensjahr
nach 16 Jahren: Bezugszeitpunkt:	67% 6 945 DM 57. Lebensjahr	48% 6 628 DM 57. Lebensjahr	48% **7 875 DM** 57. Lebensjahr
nach 20 Jahren: Bezugszeitpunkt:	75% 7 775 DM 55. Lebensjahr	60% 8 285 DM 55. Lebensjahr	60% **9 844 DM** 55. Lebensjahr
nach 24 Jahren: Bezugszeitpunkt:	75% 7 775 DM 55. Lebensjahr	69% 9 528 DM 55. Lebensjahr	69% **11 321 DM** 55. Lebensjahr
nach 28 Jahren: Bezugszeitpunkt:	75% 7 775 DM 55. Lebensjahr	69% 9 528 DM 55. Lebensjahr	69% **11 321 DM** 55. Lebensjahr

Anmerkungen zu Tabelle 5 siehe nächste Seite.

Entschädigung in Höhe von 13 809 DM (im Jahre 1998), wie von der Rechtsstellungskommission noch unterstellt worden war, und berücksichtigt noch nicht die nunmehr im Gesetzentwurf fest vorgesehene weitere Erhöhung der Entschädigung auf voraussichtlich rund 16 500 DM (im Jahre 2000). Daraus folgt eine erhebliche weitere Erhöhung der Altersrenten für künftige Abgeordnete, die durchweg auch höher sind als die Ansprüche nach geltendem Recht (Tabelle 5, Spalte 3). Die Tabelle im Bericht der Rechtsstellungskommission berücksichtigt diese weitere Erhöhung noch nicht.

Ehemalige und amtierende Abgeordnete

Doch die eigentliche Überraschung liegt darin, daß die Versorgung nach dem *anderen* System der Altersrente, das den Abgeordneten, die jetzt im Bundestag sind, wahlweise eröffnet ist und in dessen Genuß auch alle ehemalige Abgeordnete gelangen sollen, zu noch sehr viel höheren Ansprüchen führt. Dies ist deshalb so überraschend, weil die Initiatoren des neuen Gesetzes es öffentlich so dargestellt hatten, als käme es zwar zu einer Anhebung der Entschädigung, gleichzeitig aber

---

Anmerkungen zu Tabelle 5:

1 Die in dieser Tabelle enthaltenen Zahlen gelten für alle Abgeordneten, die nach Inkrafttreten des Gesetzes erstmals in den Bundestag eintreten. Derzeit amtierende Abgeordnete haben die Wahl zwischen den Werten dieser Tabelle und denen der Tabelle 7 (siehe S. 51 f.).

2 Diese Tabelle übernimmt sämtliche Angaben aus der vergleichbaren Tabelle der Rechtsstellungskommission (Bundestagsdrucksache 13/1803, Anhang 3, S. 21) unverändert (Spalten 1 und 2 der obigen Tabelle), fügt aber die noch fehlenden Angaben, die sich nunmehr aus dem Gesetzentwurf der CDU/CSU- und SPD-Fraktionen ergeben (Ausgangsdaten entnommen aus Tabelle 1, S. 30 f.) hinzu (Spalte 3). Dabei wird davon ausgegangen, daß die Bezüge ab 1996 rückwirkend zum Januar erhöht werden.

zu »Einbußen bei der Altersversorgung«, und dies in den Medien auch so wiedergegeben wurde.[36] Diese Aussage aber trifft nicht zu, wie als Ergebnis der äußerst komplizierten Dechiffrierung der einschlägigen Bestimmungen des Gesetzentwurfs schon hier vorweggenommen sei. Die Altersrenten für die derzeitigen Abgeordneten im Parlament, die darüber selbst zu entscheiden haben, sollen nach dem Gesetzentwurf vom 28. 6. 1995 vielmehr ganz erheblich steigen.

Dieses System ist in § 35a des Gesetzentwurfs niedergelegt, der zwar mit »Übergangsregelung« überschrieben ist; das wird seinem Inhalt aber nicht gerecht, da alle früheren und derzeitigen Abgeordneten des Bundestags in den Genuß der in ihm vorgesehenen Vorzüge kommen. Die Regelung des § 35a ist deshalb so besonders günstig, weil die bisherigen hohen Prozentsätze für die Berechnung der Altersversorgung unverändert erhalten bleiben (35 Prozent nach acht Jahren im Bundestag, vier Prozent für jedes weitere Jahr, 75 Prozent nach 18 Jahren),[37] gleichzeitig aber die Bemessungsbeträge beträchtlich angehoben werden. Da diese Anhebung der Bemessungsbeträge aufgrund des unverständlichen und widersprüchlichen Wortlauts des Gesetzes jedoch in stark verschlüsselter Form erfolgt, bleibt die daraus resultierende massive Anhebung der Altersrenten völlig »abgedunkelt«. Um sich einen Eindruck zu verschaffen, lese man § 35a des Gesetzentwurfs einmal Wort für Wort:

Geplante Bemessung der Altersentschädigung von amtierenden und ehemaligen Abgeordneten (Wortlaut des § 35a des Gesetzentwurfes vom 28. 6. 95)

»§ 35a Übergangsregelung zum Achtzehnten Änderungsgesetz

(1) Für Mitglieder, die bei Inkrafttreten dieses Gesetzes dem Bundestag angehören, ehemalige Mitglieder des Bundestages und ihre Hinterbliebenen gelten die Regelungen des Fünften Abschnitts in der bisherigen Fassung fort.

(2) Statt der Abgeordnetenentschädigung nach § 11 gilt in den Fällen des Absatzes 1 ein fiktiver Bemessungsbetrag. Für das Übergangsgeld wird der Bemessungsbetrag auf 10 366 DM festgesetzt.
Die Altersentschädigung nimmt in den Jahren 1995 bis 2000 lediglich mit der Hälfte der in § 11 Abs. 2 festgelegten Steigerungssätze an der Anpassung der Abgeordnetenentschädigung teil. Der fiktive Bemessungsbetrag für die Altersentschädigung wird mit Wirkung

vom 1. Januar 1995:	78 v. H.,
vom 1. Januar 1996:	80 v. H.,
vom 1. Januar 1997:	82 v. H.,
vom 1. Januar 1998:	84 v. H.,
vom 1. Januar 1999:	86 v. H.,
vom 1. Januar 2000:	88 v. H.

der jeweiligen Bezugsgröße im Sinne des § 11 Abs. 1 und 2 festgesetzt. Danach steigt der Bemessungsbetrag jeweils um den Prozentsatz, um den die Abgeordnetenentschädigung nach § 11 angepaßt wird.
(3) Mitglieder des 13. Deutschen Bundestages, auf die Absatz 1 Anwendung findet, können sich bis zu ihrem Ausscheiden für eine Anwendung der Regelungen des Fünften Abschnitts in der Fassung des Achtzehnten Änderungsgesetzes entscheiden. Die Entscheidung ist bindend.«

Die Vorschrift ist durch zweierlei gekennzeichnet: Sie nennt die hohen Bemessungsbeträge nicht, aus denen sich die Höhe der Altersrente je nach Dauer der Parlamentszugehörigkeit errechnet.[38] Zugleich sind die Vorschriften, nach denen diese Berechnung erfolgen soll, in einem Maße unverständlich, das kaum noch zu

übertreffen ist. Sie sind noch viel unzugänglicher als § 11 des Gesetzentwurfs, der die Entschädigung festlegt.[39]
Die Rechtsstellungskommission hatte im Interesse der Transparenz ausdrücklich empfohlen, die Bemessungsbeträge im Gesetz exakt zu nennen. Sie hatte vorgeschlagen, diesen Bemessungsbetrag für die Altersrente in vier Jahresstufen anzuheben und ihn im neuen Abgeordnetengesetz zum 1. 1. 1998 auf 12 088 DM festzusetzen.[40] Dieser Betrag ist bereits höher als der von der Kissel-Kommission vorgeschlagene Betrag (11 000 DM).[41] Doch damit nicht genug: Die Beträge, die sich aus dem nunmehr maßgeblichen Gesetzentwurf der Fraktionen der Union und der SPD ergeben, sind noch sehr viel höher. § 35a des Gesetzentwurfs führt dazu, daß die Bemessungsbeträge für die Altersrente derzeitiger und ehemaliger Bundestagsabgeordneter per 1. 1. 2000 voraussichtlich 14 477 DM betragen. (In den Jahren 1995 bis 1999 ergeben sich zwar geringere Beträge [vgl. Tabelle 6 im Anhang, S. 161], doch ist dies für die derzeitigen Abgeordneten des Bundestages ohne großen Belang, da sie aller Voraussicht nach ohnehin frühestens nach den nächsten Bundestagswahlen, also Ende 1998, aus dem Bundestag ausscheiden und frühestens dann Rente erhalten werden.) Die enorme Anhebung der Bemessungsbeträge bewirkt, daß die derzeitigen und die ehemaligen Bundestagsabgeordneten im Jahre 2000 eine um etwa 40 Prozent höhere Altersrente erwarten können als nach bisheriger Rechtslage (Tabelle 7, S. 51 f.). In den Jahren danach steigen die Renten mit derselben Rate wie die dann an die Richterbesoldung gekoppelte Abgeordnetenentschädigung. Geht man von einem Wachstum von drei Prozent pro Jahr aus, so werden sich die Renten amtierender Bundestagsabgeordneter in weiteren 23 Jahren gegenüber dem Stand des Jahres 2000 noch einmal verdoppelt haben.
Schaubild 1 (S. 53 f.) zeigt das Steigen der monatlichen Altersrente, das durch die vorgesehene sechsstufige Erhöhung der Bezugsgrößen in den Jahren 1995 bis 2000 bewirkt wird, auch optisch. Die

Tabelle 7: *Altersrente von amtierenden und ehemaligen Bundestagsabgeordneten nach den Gesetzentwürfen der Rechtsstellungskommission und der Fraktionen der CDU/CSU und SPD*

Mandatszeit	eines Abgeordneten nach geltendem Recht: Bezugsgröße: DM 10 366	Empfehlung der Rechtsstellungskommission (BT-Drucks. 13/1803) Bezugsgröße 1. 1. 98: DM 12 088	Steigerung[2]	Gesetzentwurf der CDU/CSU- und SPD-Fraktionen (BT-Drucks. 13/1825) Bezugsgr. Bezüge 1. 1. 98:[1] DM 13 026	Steigerung[2]	Gesetzentwurf der CDU/CSU- und SPD-Fraktionen (BT-Drucks. 13/1825) Bezugsgr. Bezüge 1. 1. 20001: DM 14 477	Steigerung[2]
Spalte Nr.	(1)	(2)	(3)	(4)	(5)	(6)	(7)
nach 8 Jahren: Bezugszeitpunkt: Betrag DM (und %)	35% 65. Lebensjahr 3 628	35% 65. Lebensjahr 4 231	16,63%	35% 65. Lebensjahr 4 559	25,69%	35% 65. Lebensjahr 5 067	39,71 %
nach 12 Jahren: Bezugszeitpunkt: Betrag DM (und %)	51% 61. Lebensjahr 5 287	51% 61. Lebensjahr 6 165	16,59%	51% 61. Lebensjahr 6 643	25,64%	51% 61. Lebensjahr 7 383	39,63%
nach 16 Jahren: Bezugszeitpunkt: Betrag DM (und %)	67% 57. Lebensjahr 6 945	67% 57. Lebensjahr 8 099	16,61%	67% 57. Lebensjahr 8 727	25,66%	67% 57. Lebensjahr 9 700	39,66%
nach 20 Jahren: Bezugszeitpunkt: Betrag DM (und %)	75% 55. Lebensjahr 7 775	75% 55. Lebensjahr 9 066	16,66%	75% 55. Lebensjahr 9 769	25,73%	75% 55. Lebensjahr 10 858	39,77%
nach 24 Jahren: Bezugszeitpunkt: Betrag DM (und %)	75% 55. Lebensjahr 7 775	75% 55. Lebensjahr 9 066	16,66%	75% 55. Lebensjahr 9 769	25,73%	75% 55. Lebensjahr 10 858	39,77%
nach 28 Jahren: Bezugszeitpunkt Betrag DM (und %)	75% 55. Lebensjahr 7 775	75% 55. Lebensjahr 9 066	16,66%	75% 55. Lebensjahr 9 769	25,73%	75% 55. Lebensjahr 10 858	39,77%

Anmerkungen zu Tabelle 7 siehe nächste Seite.

obere Kurve zeigt dies für Abgeordnete, die (mindestens) 18 Jahre lang im Bundestag waren, bevor sie ihn verlassen. Ihre Rentenanwartschaft, die im Jahre 1994 7775 DM betrug, wächst ab 1995 in sechs Stufen auf 10 858 DM im Jahre 2000. Dies entspricht einem Wachstum von etwa 40 Prozent. In den Jahren danach wird sie weiter steigen, entsprechend den Erhöhungen der Besoldung oberster Bundesrichter. Die *mittlere Kurve* zeigt die entsprechende Entwicklung der Anwartschaft auf monatliche Altersrente für Abgeordnete mit zwölf Mandatsjahren; sie steigt von 5287 DM im Jahre 1994 auf 7383 DM im Jahre 2000. Dies entspricht ebenfalls einem Wachstum von etwa 40 Prozent. Zusätzlich zeigt das Schaubild in der *unteren Kurve* zum Vergleich die Entwicklung der Altersrente eines Sozialversicherten mit durchschnittlichem Bruttojahresarbeitsentgelt und 45 Versicherungsjahre im gleichen Zeitraum; sie steigt von 2070 DM im Jahre 1994 auf 2302 DM im Jahre 2000, also nur um etwa elf Prozent. Schaubild 2 (S. 55) verdeutlicht das unterschiedliche Wachstum der Renten von Abgeordneten und Sozialversicherten auch optisch. Beim Vergleich muß man überdies berücksichtigen, daß Altersrenten aus der Sozialversicherung erst mit dem 63. Lebensjahr zu laufen beginnen, die

---

Anmerkungen und Fußnoten zu Tabelle 7:
Diese Tabelle übernimmt sämtliche Angaben aus der vergleichbaren Tabelle der Rechtsstellungskommission (Bundestagsdrucksache 13/1803, Anhang 4, S. 22) unverändert (Spalten 1 und 2 der Tabelle), fügt aber die Spalten 3 bis 7 hinzu. Die Spalten 4 bis 7 ergeben sich aus dem Gesetzentwurf der Fraktionen der CDU/CSU und SPD (Ausgangsdaten entnommen aus Tabelle 3).

1 Die Berechnung der zukünftigen Abgeordnetenentschädigung ist aus Tabelle 1, S. 30 f. entnommen; es wird davon ausgegangen, daß ab 1996 die Besoldungserhöhungen auf den Januar zurückwirken.
2 Gerechnet in Prozent gegenüber dem Betrag nach heute geltendem Recht.

Schaubild 1: *Altersrente (»Altersentschädigung«) für ehemalige (und wahlweise für amtierende) Bundestagsabgeordnete 1994 bis 2000*

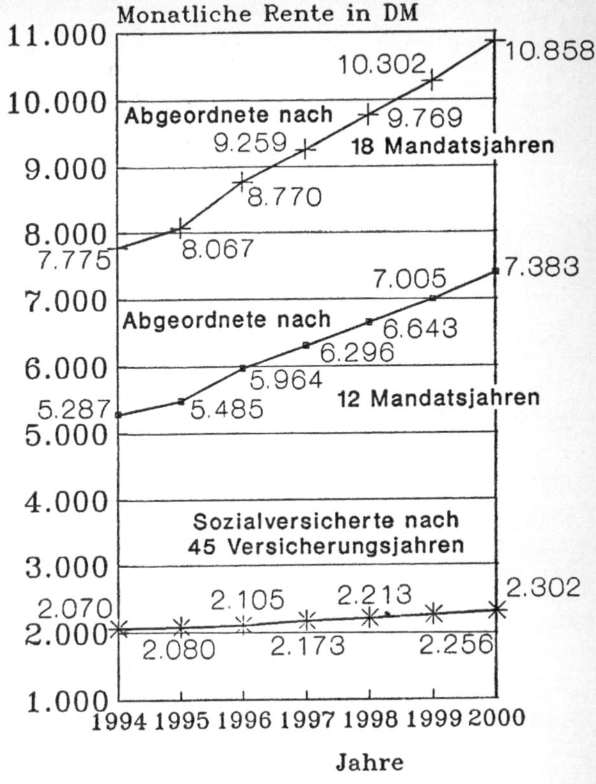

Das Schaubild zeigt in den beiden oberen Kurven das Steigen der Ansprüche auf monatliche Altersrente von ehemaligen Abgeordneten, das durch die vorgesehene sechsstufige Erhöhung der Bezugsgrößen in den Jahren 1995 bis 2000 bewirkt wird. Auch amtierende Abgeordnete können für diese Berechnungsweise optieren. Die Ansprüche auf Altersrente erhöhen sich in beiden Fällen aufgrund der vorgesehenen sechsstufigen Erhöhung der Bezugsgrößen um etwa 40%.

[Fortsetzung siehe nächste Seite]

Renten von Bundestagsabgeordneten mit 18 Mandatsjahren beginnen dagegen schon mit dem 55. Lebensjahr.

Die Erhöhung der Rentenanwartschaften amtierender Abgeordneter um 40 Prozent bedeutet für Abgeordnete, die im Jahre 2000 das Rentenalter erreichen und Rente beziehen, eine Vermögensmehrung in Höhe eines wirtschaftlichen Gegenwertes zwischen 240 000 DM und 700 000 DM, je nach Dauer der Zugehörigkeit und damit der Höhe der ohnehin schon erworbenen Rentenanwartschaften (Tabelle 10, S. 56). Soviel müßte ein normaler Mensch bei einer Lebensversicherung einzahlen, um einen Anspruch auf eine solche Zusatzrente zu erhalten, wie sie amtierende Abgeordnete durch die sechsstufige Erhöhung ihrer Rentenanwartschaft *zusätzlich* bekommen. Da diese Einzahlung aus versteuertem Einkommen zu erfolgen hätte, entspricht dies einem einmaligen zusätzlichen Bruttoeinkommen von bis zu weit über einer Million Mark.

Welche Auswirkungen der Gesetzentwurf, falls er realisiert wird, auf die Entwicklung der Rentenanwartschaften amtierender Bundestagsabgeordneter hat, wird besonders plastisch, wenn man berechnet, wie die Rentenanwartschaften amtierender Abgeordneter in den Jahren 1994 bis 2000 zunehmen. Hier ergibt sich ein zweifacher Steigerungseffekt: aufgrund der mit der Dauer der Mitgliedschaft ohnehin wachsenden Prozentsätze und aufgrund der steigenden Bezugsgrößen, zu denen der Gesetzentwurf führt.

[Fortsetzung der Anm. zu Schaubild 1:]

Die obere Kurve zeigt das Steigen der Altersrente von ehemaligen Abgeordneten, die 18 Jahre im Bundestag waren.

Die mittlere Kurve zeigt das Steigen der Altersrente von Abgeordneten mit 12 Mandatsjahren (Näheres in Kapitel 3, Seite 47 ff. des Textes).

Die untere Kurve zeigt zum Vergleich die Entwicklung der Altersrente eines Sozialversicherten mit durchschnittlichem Bruttojahresarbeitsentgelt und 45 Versicherungsjahren; sie steigt von 1994 bis 2000 voraussichtlich um 11,2 Prozent.

Schaubild 2: *Abgeordnetenrente und Sozialrente – Anstieg 1994 bis 2000*

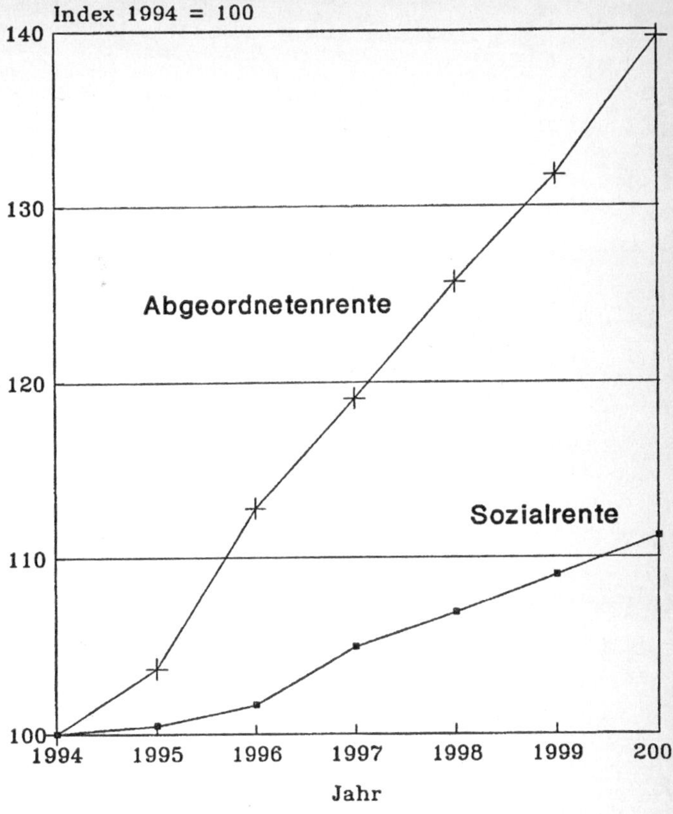

Das Schaubild zeigt die Zunahme der in Schaubild 1 (S. 53 f.) in absoluten Werten wiedergegebenen Altersrenten (1994 = 100). Man sieht, daß die Abgeordnetenrente von 1994 bis 2000 um fast 40 Prozent, die Sozialrente dagegen nur um etwa 11 Prozent wächst.

Tabelle 10: *Erhöhungen des wirtschaftlichen Wertes der Altersrente von ehemaligen und amtierenden Bundestagsabgeordneten aufgrund des Gesetzentwurfs der Fraktionen der CDU/CSU und SPD.*

Rentenbeginn nach Vollendung des	jährliche Rente DM	Faktor (mit Anwartschaft auf 60% Witwenrente)	Einmalprämie bei Rentenbeginn DM
(1) 65. Lebensjahres	16 800	14,421	242 273
(2) 61. Lebensjahres	22 800	16,193	369 200
(3) 57. Lebensjahres	32 400	17,871	579 020
(4) 55. Lebensjahres	37 200	18,670	694 524

Monatsbeträge der (zusätzlichen) Rente errechnet aus Tabelle 7, S. 51 f.

Fragestellung:
(1) Wieviel müßte ein 65jähriger Abgeordneter an Einmalprämie bezahlen, damit er eine (zusätzliche) dynamisierte Rente von 1400 DM monatlich (12mal im Jahr = 16 800 DM) erhält?
(2) Wieviel müßte ein 61jähriger Abgeordneter an Einmalprämie bezahlen, damit er eine (zusätzliche) dynamisierte Rente von 1900 DM monatlich (12mal im Jahr = 22 800 DM) erhält?
(3) Wieviel müßte ein 57jähriger Abgeordneter an Einmalprämie bezahlen, damit er eine (zusätzliche) dynamisierte Rente von 2700 DM monatlich (12mal im Jahr = 32 400 DM) erhält?
(4) Wieviel müßte ein 55jähriger Abgeordneter an Einmalprämie bezahlen, damit er eine (zusätzliche) dynamisierte Rente von 3100 DM monatlich (12mal im Jahr = 37 200 DM) erhält?
Dynamisierungsfaktor: 3 Prozent, Zinsfuß: 6 Prozent.

(Der Verfasser dankt Herrn Versicherungsmathematiker Rudi Krebs für die versicherungsmathematischen Berechnungen.)

Dies zeigt Schaubild 4 (S. 58). Die *obere Kurve* des Schaubildes zeigt die Entwicklung für einen Abgeordneten, der 1994 bereits zwölf Jahre im Bundestag gewesen ist und im Jahre 2000 18 Jahre lang ein Mandat innegehabt haben wird; seine Anwartschaft auf eine monatliche Rente steigt von 5287 DM im Jahre 1994 auf 10 858 DM im Jahre 2000, also um 105 Prozent. Die *untere Kurve* zeigt die Entwicklung der Rentenanwartschaft eines amtierenden Abgeordneten, der 1994 acht Jahre dem Bundestag angehört hat und im Jahre 2000 14 Mandatsjahre aufweisen wird. Seine Rentenanwartschaft steigt von 3628 DM im Jahre 1994 auf 8541 DM im Jahre 2000, also um 135 Prozent. Da als möglicher Zeitpunkt für ein Ausscheiden aus dem Bundestag weniger das Jahr 2000 als das Jahr 2002 (Bundestagswahljahr) in Betracht kommt, ist in Schaubild 3 (S. 58) auch die voraussichtliche weitere Entwicklung bis dahin wiedergegeben.

Diese Ergebnisse lassen sich mit dem Argument im Vorblatt des Gesetzentwurfs, bestehende Ansprüche und Anwartschaften sollten erhalten bleiben,[42] das in irreführender Weise suggeriert, es ginge bloß um ihre Aufrechterhaltung, offensichtlich nicht rechtfertigen. Es geht hier nicht um den Erhalt des bisherigen Standes, sondern um die Frage, ob eine weit darüber hinausgehende Erhöhung aller Anwartschaften und Ansprüche der derzeitigen und ehemaligen Abgeordneten gerechtfertigt werden kann. Diese Frage stellt sich um so dringender, als schon die bisherige Altersrente für Bundestagsabgeordnete allgemein als zu großzügig angesehen wurde und auch unter Politikern Übereinstimmung bestand, sie müsse massiv gestutzt werden.[43] Das bestätigt auch ein Vergleich mit der Wirtschaft: Führungskräfte in der Wirtschaft erhalten regelmäßig nur einen sehr viel geringeren Teil als 75 Prozent ihrer Aktivenbezüge als Altersversorgung. Die Altersversorgung pflegt in der Wirtschaft nur auf einen *Teil* der Aktivenbezüge (nämlich die festen, nicht auch die erfolgsabhängigen Einkommensbestandteile) bezogen zu sein und macht nach 20- bis 25jähriger Vorstandstätigkeit zudem im Durchschnitt nur 50 bis 60 Prozent jenes Grundgehalts aus.[44] Nach Angaben von Heinz Evers, leitendem Mitarbeiter der Unternehmensberatung Kienbaum und Verfasser der Kienbaum-Vergütungsstudie, beträgt der Versorgungssatz, bezogen auf die gesamten Aktivenbezüge, regelmäßig nur etwa 35 bis 40 Prozent.[45]

Schaubild 4: *Entwicklung der Altersrente* amtierender *Bundestagsabgeordneter 1994 bis 2002*

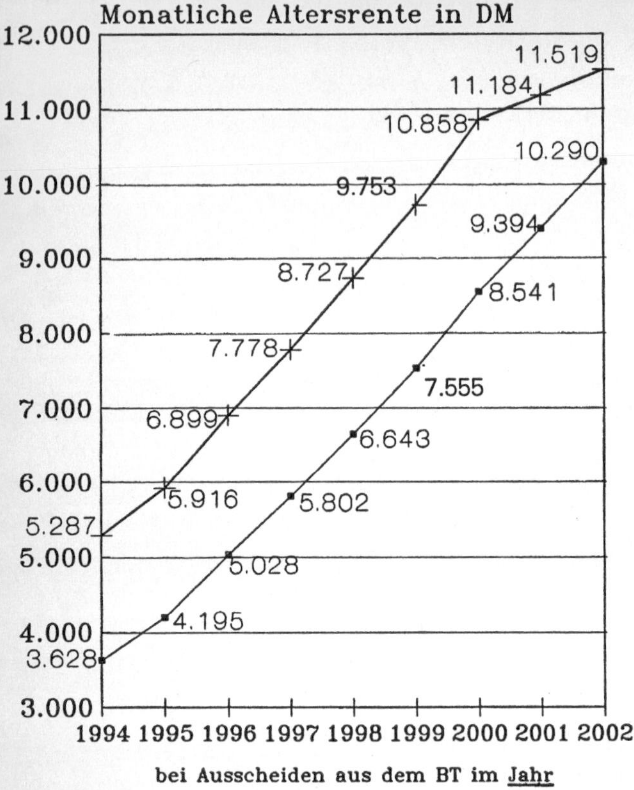

Das Schaubild zeigt die Höhe der monatlichen Altersrente für bestimmte Gruppen derzeit im Parlament befindlicher Abgeordneter für den Fall, daß der Entwurf eines neuen Diätengesetzes in Kraft tritt (Näheres in Kapitel 3, Seite 47 ff.).

Die obere Kurve zeigt die Entwicklung der Rentenanwartschaft eines amtierenden Abgeordneten, der 1994 bereits zwölf Jahre Mitglied des Bundestages war und im Jahr 2000 18 Mandatsjahre aufzuweisen haben

[Fortsetzung siehe nächste Seite]

Dementsprechend war in den öffentlichen Verlautbarungen der Initiatoren der »Jahrtausendreform« auch der Eindruck erweckt worden, die Altersrente für Abgeordnete würde – im Gegenzug zu der kräftigen Erhöhung der Entschädigung für aktive Abgeordnete – gekürzt.[46] Tatsächlich führt der Gesetzentwurf zu einem kraß gegenteiligen Ergebnis.

Hier zeigen sich die Umrisse eines Diätenskandals, der (mindestens) zwei Seiten hat: die gewaltige Erhöhung der Renten amtierender (und ehemaliger) Abgeordneter, ein Tatbestand, der der öffentlich behaupteten Senkung der Renten diametral zuwiderläuft, und die systematische Camouflage dieses Tatbestandes. Die problematischsten Teile des Gesetzentwurfs werden offenbar am intensivsten versteckt. Man lese das Vorblatt des Gesetzentwurfs, das den Eindruck erweckt, es ginge nur um den Erhalt der Altrenten, nicht um ihre Erhöhung,[47] und die Einzelbegründung für eine scheinbar geringe Erhöhung der Bezugsgrößen, die mit rabulistischen Formulierungen den Eindruck zu erwecken sucht, der Gesetzentwurf folge »im wesentlichen den Empfehlungen der Rechtsstellungskommission«.[48] Das stimmt aber bereits für die Jahre 1996 bis 1998 nicht und schon gar nicht für die Jahre 1999 und 2000, ganz abgesehen davon, daß bereits die geringere Anhebung der Renten amtierender Abgeordneter, die nach dem Entwurf der Rechtsstellungskommission vorgesehen war, sich mit der öffentlich behaupteten Absenkung der Altersrenten nicht in Einklang bringen läßt.

[Fortsetzung der Anm. zu Schaubild 3:]
wird. Die Gesamterhöhung der Anwartschaft auf Altersrente in den Jahren 1994 bis 2000 beträgt 105 Prozent.
Die untere Kurve zeigt die Entwicklung der Anwartschaft eines amtierenden Abgeordneten, der 1994 acht Jahre dem Bundestag angehörte, im Jahr 2000 14 (und im Jahr 2002 16) Mandatsjahre aufzuweisen haben wird. Die Gesamterhöhung der Anwartschaft auf Altersrente in den Jahren 1994 bis 2000 beträgt 135 Prozent.

Kumulierung von Renten aus Mandat und Amt

Die oben schon dargelegten besonderen Privilegien von Abgeordneten, die gleichzeitig Minister oder Parlamentarische Staatssekretäre sind, setzen sich im Ruhestand fort. Sie erhalten dann Altersrente aus dem Ministeramt *und* aus dem Abgeordnetenmandat. Eine Anrechnung tritt nach § 29 Abs. 4 AbgG erst ein, soweit beide Renten zusammen höher sind als die Entschädigung, und auch dann nur in Höhe von 50 Prozent. Bis zur Höhe der Entschädigung bleiben beide Renten dem ehemaligen Abgeordneten also ungekürzt erhalten. Dieselbe Regel gilt auch, wenn die Abgeordnetenrente mit einer Pension aus dem öffentlichen Dienst zusammentrifft.

Da der Gesetzentwurf mit der Erhöhung der Entschädigung nicht nur zu den dargelegten Erhöhungen der Altersrenten von Abgeordneten führt, sondern auch die Anrechnungsgrenze entsprechend hochschiebt, erhöht er zusätzlich noch die Versorgungsbezüge aus einer Tätigkeit des Abgeordneten als Minister, Parlamentarischer Staatssekretär oder als Beamter. Der Gesetzentwurf erhöht also einmal die Abgeordnetenrente um ca. 40 Prozent; zusätzlich erhöht er die weiteren Versorgungsbezüge noch einmal.

Da die Übergangsregelung des § 35a des Gesetzentwurfs ausdrücklich nur für den *Fünften Abschnitt* des Abgeordnetengesetzes gilt, in dem die Leistungen an ehemalige Mitglieder des Bundestags und ihre Hinterbliebenen geregelt sind (§ 18 bis 26 AbgG), nicht auch für den Siebenten Abschnitt, der die Anrechnung beim Zusammentreffen mehrerer Bezüge aus öffentlichen Kassen behandelt (§ 29 AbgG), richtet sich die in § 29 Abs. 4 genannte Anrechnungsgrenze in Höhe der »Entschädigung nach § 11 Abs. 1« nach der vollen Höhe der neuen Entschädigung im Sinne des neuen § 11 Abs. 1 (das heißt, sie wird im Jahre 2000 also voraussichtlich etwa 16 500 DM betragen), sie richtet sich also *nicht* nach der geringeren Höhe nach § 35a Abs. 2, die im Jahre 2000 voraussichtlich »nur« etwa 14 500 DM ausmacht. Diese – überraschende, weil systemwidrige – Regelung bedeutet für die Betroffenen eine weitere Erhöhung der neben der Abgeordnetenrente bezogenen zusätzlichen Versorgung.

Diese Regelung wirkt sich gerade für viele Mitglieder der Rechtsstellungskommission aus: Die Rechtsstellungskommission hat neben dem Vorsitzenden Klose zehn Mitglieder, von denen sechs ehemalige Parlamentarische Staatssekretäre, Senatoren, Beamte oder Richter sind, also alles Personen, die zwei Pensionen erwarten dürfen. Auch von den Mitgliedern des Ältestenrates des Bundestags war der größte Teil früher Beamter oder Richter.

Das ungekürzte Nebeneinander zweier Renten schlägt besonders bei Mitgliedern des Präsidiums des Bundestags (Präsidentin und Vizepräsidenten) durch. Bei ihnen erhöht sich die Anrechnungsgrenze, weil ihre Amtszulage nach § 11 Abs. 2 AbgG entsprechend berücksichtigt wird (§ 29 Abs. 8 AbgG). Um ein theoretisches Beispiel zu nennen: Nach den vorgesehenen sechs Erhöhungen der Entschädigung bis zum Jahre 2000 könnte ein Bundestagspräsident, wenn er das Amt des Präsidenten 1988 übernommen hätte, gegebenenfalls Altersrenten bis voraussichtlich 27 500 DM[49] monatlich ungekürzt nebeneinander kumulieren. Für Vizepräsidenten gilt entsprechendes. Das könnte sich für vier der fünf derzeitigen Präsidiumsmitglieder auswirken, weil sie früher Bundesminister, Landesminister, Senator und Erster Bürgermeister und/oder Beamter waren.

Die (Nicht-)Anrechnungsregelungen sind viel zu großzügig und lassen sich mit dem Gleichheitsgrundsatz schwerlich in Einklang bringen.[50] Auch diese Problematik wird von der Rechtsstellungskommission und dem Gesetzentwurf der CDU/CSU- und der SPD-Bundestagsfraktionen nicht behandelt. Die Problematik wird durch die vorgesehene massive Erhöhung der Entschädigung und damit der nebeneinander beziehbaren Doppelalimentationen noch beträchtlich erhöht.

Der goldene Handschlag: Übergangsgeld

Die Ermittlung des Inhalts des Gesetzentwurfs kompliziert sich noch weiter durch die Regelungen über das Übergangsgeld. Auch hier unterscheidet der Gesetzentwurf in § 35a wieder dieselben drei Gruppen wie bei der Altersrente.

Ehemalige Abgeordnete

Das Übergangsgeld von ehemaligen Bundestagsabgeordneten soll durch den Gesetzentwurf nicht berührt werden. Sie erhielten (und erhalten, soweit nach den letzten Bundestagswahlen ausgeschieden, zum Teil noch) Übergangsgeld in der bisherigen Form, das heißt, sie erhalten im Durchschnitt für eine Mandatszeit von einer Legislaturperiode sieben Monate lang Übergangsgeld in Höhe der Entschädigung von 10 366 DM (insgesamt bis zu 36 Monate). Das ergibt folgende Summen:

Übergangsgeld nach bisherigem Recht

Bei einer Zugehörigkeit zum Deutschen Bundestag von	erhalten Abgeordnete ein Übergangsgeld von (Bezugsgröße 10 366 DM)
1 Wahlperiode	72 562 DM
2 Wahlperioden	145 124 DM
3 Wahlperioden	217 686 DM
4 Wahlperioden	290 248 DM
5 Wahlperioden	362 810 DM
6 Wahlperioden	373 176 DM

Diese Regelung des Übergangsgeldes wird allgemein als überzogen und völlig unhaltbar angesehen.

Künftige Abgeordnete

Künftige Abgeordnete, also solche, die erstmals bei den Wahlen von 1998 in den Deutschen Bundestag gewählt werden, erhalten nach dem Gesetzentwurf ein Übergangsgeld, das folgendermaßen *umgestaltet* ist: Einerseits steigt die Höhe des monatlich ausgezahlten Übergangsgeldbetrags entsprechend der vorgesehenen Steigerung der Entschädigung, wird also ab 1. 1. 1999, wenn die neue Regelung nach den nächsten Bundestagswahlen (im Herbst 1998) für dann ausscheidende Abgeordnete voraussichtlich erstmals in nennenswertem Umfang zur Anwendung kommen wird, etwa 15 300 DM betragen (vgl. Tabelle 1, S. 30 f.). Andererseits verkürzt sich die Laufzeit; das Übergangsgeld wird pro Legislaturperiode »nur« noch vier Monate lang gezahlt und insgesamt höchstens 18 Monate. Ferner sollen ab dem vierten Monat nach dem Ausscheiden aus dem Bundestag »alle Erwerbs- und Versorgungseinkommen auf das Übergangsgeld angerechnet« werden (§ 18 Abs. 2 des Gesetzentwurfs), denn das Übergangsgeld soll ja nur eine Hilfe zur Wiedereingliederung in den Beruf sein; deshalb bedarf es seiner folgerichtig nicht mehr, soweit der ehemalige Abgeordnete anderweitiges Einkommen bezieht.

Es bedarf des Übergangsgeldes nach seinem Sinn als Wiedereingliederungshilfe in den *Beruf* aber auch dann nicht mehr, wenn der Abgeordnete bereits im Rentenalter ist. Zweifelhaft ist das Übergangsgeld auch, wenn der ausscheidende Abgeordnete als früherer Beamter oder öffentlicher Angestellter einen Anspruch auf Wiedereinstellung hat. Beide zuletzt genannten Problemfälle werden vom Gesetzentwurf gleichwohl nicht berücksichtigt, auch nicht bei der Neuregelung.

Die Kürzungen des Übergangsgeldes durch den Gesetzentwurf bleiben im übrigen auch weit hinter dem zurück, was die Kissel-Kommission verlangt hatte:[51] Diese hatte gefordert,[52] nur 75 Prozent der Entschädigung als Übergangsgeld zu gewähren (nicht

100 Prozent, wie der Gesetzentwurf trotz des erhöhten Betrages vorsieht). Die Kissel-Kommission hatte ferner vorgeschlagen, das Übergangsgeld maximal zwölf Monate lang zu zahlen (nicht 18 Monate lang, wie der Gesetzentwurf vorsieht). Die Kissel-Kommission hatte schließlich verlangt, eine Anrechnung anderweitiger Einkommen bereits ab dem zweiten Monat nach dem Ausscheiden vorzunehmen (nicht erst ab dem vierten Monat, wie es der Gesetzentwurf vorsieht).

Amtierende Abgeordnete

Alle Abgeordneten, die dem Bundestag derzeit angehören, haben nach dem Gesetzentwurf wiederum das Wahlrecht: Sie können sich für das neue System entscheiden oder beim alten bleiben. Und was aus dem Wortlaut des § 35a Abs. 3 des Gesetzentwurfs schlechterdings nicht zu entnehmen ist (vgl. den Text der Vorschrift im auf S. 48 f.): Die derzeitigen Abgeordneten sollen nach Auskunft des zuständigen Referats des Bundestags das Wahlrecht sogar splitten können, das heißt hinsichtlich der Altersrente für das alte System und hinsichtlich des Übergangsgeldes für das neue System votieren dürfen und umgekehrt.

Die Regelungen des Gesetzentwurfs hinsichtlich des Übergangsgeldes bedeuten: Die amtierenden Mitglieder des Bundestags bleiben – zusätzlich zu den stark wachsenden Altersrenten, die sie sich per »Übergangsregelung« bewilligt haben (siehe S. 47 ff.) – im Genuß der bisherigen überzogenen Übergangsgelder. Die Kürzungen der Laufzeit und die Anrechnung anderweitiger Einkommen, die der Gesetzentwurf (in allerdings nicht ausreichendem Umfang) vorsieht, wirken sich für sie nicht aus, nicht einmal hinsichtlich der erst in Zukunft zurückzulegenden Abgeordnetenjahre. Sie werden, wann immer sie ausscheiden, nach dem bisher geltenden Recht behandelt (§ 35a Abs. 1 Gesetzentwurf), allerdings bei einem auf

10 366 DM eingefrorenen Bemessungsbetrag (§ 35a Abs. 2 Satz 2 Gesetzentwurf).
Das Übergangsgeld kann nach § 18 Abs. 3 AbgG auch in einer Summe ausgezahlt werden. Der Anspruch auf Altersentschädigung ruht während der Zeit, für die ein Anspruch auf Übergangsgeld besteht (§ 32 Abs. 5 AbgG). Da die Kürzungen beim Übergangsgeld nach neuem Recht nur die *Dauer* seiner Laufzeit und die Anrechnung anderweitiger Einkommen betreffen, die *Höhe* der monatlichen Beträge aber unberührt lassen und diese zusammen mit der Entschädigung stark wächst, kann es sich für ausscheidende Abgeordnete lohnen, zunächst das neue Übergangsgeld in voller monatlicher Höhe und sodann die nach neuem oder altem Recht erhöhte Altersrente in Anspruch zu nehmen. Da amtierende Abgeordnete das Wahlrecht nach § 35a Abs. 3 des Gesetzentwurfs (nach Auskunft des Sekretariats der Rechtsstellungskommission) für Altersentschädigung und Übergangsgeld auch getrennt ausüben können, kann es sich, um ein Beispiel zu nennen, für einen Abgeordneten, der seit 1983 Mitglied des Bundestages ist, (im Falle seines Austritts aus dem Bundestag im Jahre 2000) lohnen, das monatliche Übergangsgeld in Höhe von voraussichtlich 16 500 DM nach neuem Recht 18 Monate lang zu beziehen und danach im angenommenen Alter von 57 Jahren die Altersrente von voraussichtlich rund 11 000 DM monatlich nach altem Recht in Anspruch zu nehmen. Hinzu kommt für den früheren Beamten nach Eintritt des Ruhestands gegebenenfalls eine weitere Rente aus dem Beamtenverhältnis.

Zusammenfassung der Ergebnisse

Das vorgesehene neue Abgeordnetengesetz des Bundes in der Fassung des Gesetzentwurfs der Fraktionen der CDU/CSU und SPD vom 28. 6. 1995 enthält – neben der automatischen Erhöhung der Entschädigung entsprechend den laufenden Erhöhungen der Richter- und Beamtenbesoldung – eine sich damit überlagernde sprunghafte, auf sechs Jahresstufen verteilte Erhöhung der Entschädigung von Bundestagsabgeordneten; sie erhöht sich von derzeit 10 366 DM auf etwa 16 500 DM. Gleiches gilt für die deutschen Europaabgeordneten, die niemand kennt. Die Mitglieder des Präsidiums des Bundestags erhalten die doppelte bzw. die eineinhalbfache Entschädigungshöhe. Ihre Bezüge steigen damit von derzeit 20 732 DM monatlich auf etwa 32 812 DM (Präsidentin des Bundestags) bzw. von derzeit 15 549 DM monatlich auf etwa 24 609 DM (Vizepräsidenten). Auch Bundesminister und Parlamentarische Staatssekretäre profitieren von dieser Erhöhung, weil sie meist Mitglieder des Bundestages sind und dann die Hälfte der Abgeordnetenentschädigung von in Zukunft etwa 16 500 DM, also ca. 8250 DM, zusätzlich zu ihren Ministerbezügen von derzeit etwa 22 800 DM (Minister) bzw. 17 100 DM (Staatssekretäre) erhalten. Zugleich steigen aufgrund der geplanten Gesetzesänderung auch die Ansprüche und Anwartschaften auf Altersrente, besonders diejenigen der derzeit amtierenden Abgeordneten, sprunghaft, nämlich um etwa 40 Prozent, und zwar wiederum in sechs Jahresstufen. Diese von den amtierenden Abgeordneten selbst zu beschließende Erhöhung ihrer eigenen Altersrenten ist von besonders großem Gewicht; ihr wirtschaftlicher Wert für den einzelnen amtierenden Abgeordneten entspricht leicht einer zusätzlichen einmaligen »Prämie« aus dem Bundeshaushalt in siebenstelliger Höhe. Diese Erhöhungen der Renten schlagen für Mitglieder des Präsidiums entsprechend höher durch, weil ihre verdoppelte bzw. eineinhalbfache Entschädigung »ruhegehaltsfähig« ist. Auch die Doppelbezüge von Abgeordneten, die Bundesminister oder Parlamentarische Staatssekretäre sind, setzen sich entsprechend im Rentenalter fort. Beim Übergangsgeld ist zwar eine Kürzung der Dauer der Laufzeit und ab dem vierten Monat die Anrechnung von »allen Erwerbs- und Versorgungseinkommen auf das Übergangsgeld« vorgesehen, was aber weit hinter den Forderungen der Kissel-Kommission zurückbleibt. Zugleich steigen die einzelnen Monatsbeträge massiv.

Die steuerfreie Kostenpauschale von etwa 72 000 DM jährlich bleibt erhalten; die von vielen Seiten verlangte Einzelabrechnung entsprechend den nachgewiesenen Kosten wird nicht eingeführt. Zugleich soll die Entscheidung über die Höhe in Zukunft außerhalb des Gesetzgebungsverfahrens getroffen und auf den nichtöffentlich verhandelnden Haushaltsausschuß des Bundestags verlagert werden. Da es nach dem Gesetz zudem möglich ist, auch frühere Preissteigerungen durch Erhöhungen auszugleichen, könnte es im Jahre 1996 zu einer gewaltigen Anhebung der Kostenpauschale kommen.

Der Inhalt des Gesetzentwurfs wurde bisher gegenüber der Öffentlichkeit abgeschirmt. Im Gesetzentwurf werden keinerlei Beträge genannt, weder für die Entschädigung noch für die Altersrente, und ihre Errechnung aus dem völlig unzugänglichen Gesetzentwurf bereitet selbst dem professionellen Gesetzesinterpreten schier unüberwindliche Probleme.[53] Die Parlamentsspitze führte Mitte Juni zwar eine Pressekonferenz durch und berichtete dabei über das Vorhaben. Diese Pressekonferenz bezog sich aber noch auf eine frühere Vorlage, die unmittelbar vor der Einbringung und ersten Lesung im Bundestag am Ende der Sitzungsperiode vor der Sommerpause gegen eine neue wesentlich »verböserte« Vorlage ausgetauscht wurde, ohne daß dies der Öffentlichkeit bisher klargeworden oder durch eine weitere Pressekonferenz verdeutlicht worden wäre. Die ursprüngliche Vorlage der Rechtsstellungskommission hatte eine vierstufige Erhöhung auf knapp 14 000 DM vorgesehen. Der Gesetzentwurf enthält nun eine sechsstufige Erhöhung auf ca. 16 000 DM bzw. 16 500 DM. Dies wirkt sich vor allem auf die Altersrente aus. Doch werden für künftige Abgeordnete gleichzeitig die Prozentsätze gesenkt. Für *amtierende* Abgeordnete gilt dies aber nicht. Sie sollen ihre Renten nach den gleichen Prozentsätzen erhalten wie bisher. Dennoch sollen die Bezugsgrößen stark erhöht und von derzeit 10366 DM in sechs Jahresstufen auf etwa 14000 DM bzw. 14500 DM steigen (und danach weiter steigen mit den Steigerungsraten der Richterbesoldung). Die Vorlage der Rechtsstellungskommission hatte nur eine Anhebung der (dort im übrigen noch ziffernmäßig benannten) Bezugsgröße für die Berechnung der Renten amtierender (und ehemaliger) Abgeordneter auf 12088 DM vorgesehen. Die weit darüber hinausgehenden Werte des nunmehr maßgeblichen Gesetzentwurfs vom 27. 6. 1995 suchen seine Initiatoren durch camouflierende Gesetzesbegründungen zu verschleiern.

Gleichwohl behaupten die Initiatoren der Gesetzentwürfe, es werde dadurch Transparenz und Klarheit hergestellt, daß sie (und die Gesetzentwürfe) keinen Zweifel darüber gelassen hätten, daß die Abgeordnetenentschädigung sich künftig »für jedermann offenkundig« nach den Jahresbezügen eines Bundesrichters bestimme. Dadurch werde, so heißt es in der Gesetzesbegründung, der »Forderung des Bundesverfassungsgerichts im ›Diäten-Urteil‹ nach Transparenz bei Entscheidungen in eigener Sache Rechnung getragen«. In Wahrheit soll die geplante Änderung des Art. 48 GG – gerade umgekehrt – die Anforderungen des Diätenurteils aushebeln und es dem Gesetzgeber ermöglichen, die Gebote transparenter Entscheidung *nicht* mehr beachten zu müssen (dazu Näheres in Kapitel 6). Es bedeutet schon ein erhebliches Maß an Zynismus, die geplante Neuregelung mit dem Begriff der »Transparenz« auch nur in Verbindung zu bringen. Eher wäre wohl der machiavellische Satz einschlägig: »Wenn Du nicht überzeugen kannst, mußt Du verwirren.« Zu wissen, daß die Entschädigung von Abgeordneten sich »nach den Jahresbezügen eines Richters an einem obersten Bundesgericht« bestimmt, bedeutet noch nicht, daß man auch weiß, wieviel das ist, und alle Zahlen sind aus dem Gesetzentwurf entfernt worden. Im übrigen weist schon der im neuen Art. 48 GG vorgesehene Begriff »Jahresbezüge eines Richters an einem obersten Bundesgericht« eine derart große Spannbreite auf (Besoldungsgruppe R6, R8 oder R10? Nur Grundgehalt oder auch Zuschläge?; vgl. S. 134), daß damit auch dann noch gar nichts geklärt wäre, wenn der Betrachter ein Besoldungsexperte wäre, der alle in Frage kommenden Geldbeträge im Kopf hat. Hinsichtlich der Rente, insbesondere der Rente für amtierende und ehemalige Abgeordnete, ist der Hinweis auf die angeblich allen bekannten Bezüge von Bundesrichtern ohnehin schon deshalb nicht schlüssig, weil die Renten der Abgeordneten viel günstiger berechnet sind als die von Bundesrichtern und die Entscheidung darüber, um wieviel günstiger dies sein soll, von den amtierenden Abgeordneten selbst durch Formulierung des § 35a des Gesetzentwurfs festgelegt wird – und dies eben wiederum in einer praktisch nicht nachvollziehbaren Form.

4 Mythos und Wahrheit: Der angebliche Einkommensrückstand

Die vorgesehene massive Anhebung der Entschädigung für Bundestagsabgeordnete und ihre Koppelung an die Richter- und Beamtenbesoldung werden damit gerechtfertigt, die Entschädigung sei seit 1977 hinter der allgemeinen Einkommensentwicklung stark zurückgefallen; deshalb sei zweifelhaft, ob sie noch weiterhin angemessen (und damit verfassungsgemäß) sei. Da dieser Einkommensrückstand an dem Verfahren liege, in dem bisher über die Höhe der Abgeordnetenentschädigung entschieden wurde, müsse nicht nur die Entschädigung auf ein höheres Niveau gehoben, sondern auch das Entscheidungsverfahren grundlegend geändert werden.[1]

Unstreitig ist, daß die mit Wirkung zum 1. 4. 1977 auf 7500 DM festgesetzte Entschädigung für Bundestagsabgeordnete zunächst fünf Jahre lang unverändert blieb und erst ab dem Jahre 1983 jährlich angehoben wurde. 1983 wurde die Entschädigung zunächst um 4,26 Prozent erhöht, und in den folgenden Jahren bis 1992 erfolgten neun weitere Erhöhungen mit Prozentsätzen zwischen 2,3 und 4,8 Prozent.[2] In den Jahren 1993 und 1994 wurden wiederum keine Erhöhungen vorgenommen. Da die Entschädigung von Bundestagsabgeordneten somit in den Jahren 1978 bis 1982 und seit 1993 nicht erhöht wurde, also insgesamt sieben Jahre »eingefroren« blieb, ist sie langsamer gewachsen als andere Einkommen.

Doch bedürfen gerade statistische Zahlenreihen in besonderer Weise der verständigen Interpretation. Jeder weiß, daß statistische Aussagen ganz wesentlich von der Wahl des Basisjahres abhängen. Könnte es nicht sein, daß sich durch eine nur geringfügige Verschiebung des Basiszeitpunkts die Aussage völlig verändert? Und drängt sich nicht auch die Frage förmlich auf, *warum* die Entschädigung von Bundestagsabgeordneten in den ersten fünf Jahren nach 1977 und in den vergangenen beiden Jahren nicht angehoben wurde und warum im Jahre 1983 und in den Folgejahren nur eine Anpassung an die Einkommenssteigerungen des jeweils vorangegangenen Jahres erfolgte und die Einkommenssteigerungen der Jahre 1978 bis 1982 nicht nachgeholt wurden? Hängt die unveränderte Beibehaltung der Entschädigung von 1977 bis 1983 möglicherweise damit zusammen, daß die Bundestagsabgeordneten sich 1977 eine sehr hohe Entschädigung bewilligt und gleichzeitig auch in andere Teile der Diäten massive und verfassungswidrige Privilegien eingebaut hatten (und daß dies obendrein auch noch in einer Zeit geschah, als die Masse der Bevölkerung durch steuer- und sozialrechtliche Einschnitte erhebliche Einbußen hinnehmen mußte)? Könnte es nicht sein, daß die berechtigte öffentliche Kritik an diesen Auswüchsen es zwar nicht vermochte, den Bundestag zu einer Rückkehr zu bewegen, ihn aber immerhin von weiteren Erhöhungen abhielt? Und hängt das Einfrieren in den Jahren 1993 und 1994 nicht eventuell damit zusammen, daß unangemessene und verfassungswidrige Auswüchse in der Diätenstruktur von Bundestagsabgeordneten seit 1992 durch Diätenskandale und Sachverständigenberichte wieder nachdrücklich öffentlich diskutiert und mit Recht kritisiert wurden?

Verdoppelung der Diäten im Jahre 1977

Um die seinerzeitige Festsetzung der Entschädigung für Bundestagsabgeordnete auf 7500 DM monatlich zum 1. April 1977 beurteilen zu können, muß man sich vergegenwärtigen, wie die für den Unterhalt des Abgeordneten und seiner Familie bestimmten Diäten vorher bemessen wurden. Bis zum Inkrafttreten des neuen Abgeordnetengesetzes[3] bezog ein Bundestagsabgeordneter eine monatliche Entschädigung (die damals noch als »Aufwandsentschädigung« bezeichnet worden war) in Höhe von einem Drittel des Amtsgehalts eines Bundesministers, das seinerseits vier Drittel des Grundgehalts eines Staatssekretärs (Besoldungsgruppe B11) betrug. Dieses Verfahren der Ankoppelung der Diäten an die Beamtenbesoldung hatte im Jahre 1976 einen Betrag von 3850 DM ergeben.[4] Von diesem Betrag war ein Viertel als Finanzierungsanteil des Abgeordneten an seiner Altersrente abgezogen worden, so daß 2888 DM übrigblieben, die allerdings steuerfrei waren. Die Erhöhung auf 7500 DM (bei Wegfall des Eigenbeitrags zur nunmehr ausschließlich *staats*finanzierten Altersversorgung) zum 1. 4. 1977 bedeutete – gegenüber dem Ausgangsbetrag von brutto 3850 DM – fast eine Erhöhung auf das Zweifache (siehe Schaubild 4, S. 74).[5] Zwar unterlagen die 7500 DM nunmehr der Einkommensteuer, andererseits wurde von den Abgeordneten kein Beitrag zur Altersversorgung mehr erhoben, da diese nun unmittelbar und ausschließlich aus Staatsmitteln finanziert wurde. (Die letztere Tatsache, daß die Abgeordneten durch den Wegfall des Beitrags zur Altersversorgung erheblich entlastet wurden, wurde und wird von der offiziellen »Sprachregelung« des Bundestags regelmäßig unterschlagen.[6] Beide Faktoren dürften sich etwa im Durchschnitt aufgewogen haben, so daß man die Bruttobezüge *vorher* (einschließlich des Eigenbeitrags zur Altersversorgung) und *nachher* (einschließlich der Einkommensteuer) durchaus vergleichen kann.

Die Anhebung der Entschädigung im Jahre 1977 war so hoch, daß die heutige Entschädigung – trotz der Null-Runden bis 1983 und seit 1993 – immer noch deutlich höher ist als diejenige, die sich ergeben würde, wenn man das früher bestehende relative Niveau und das früher bestehende Entscheidungsverfahren beibehalten

Schaubild 4: *Entschädigung von Bundestagsabgeordneten 1973 bis 2000*

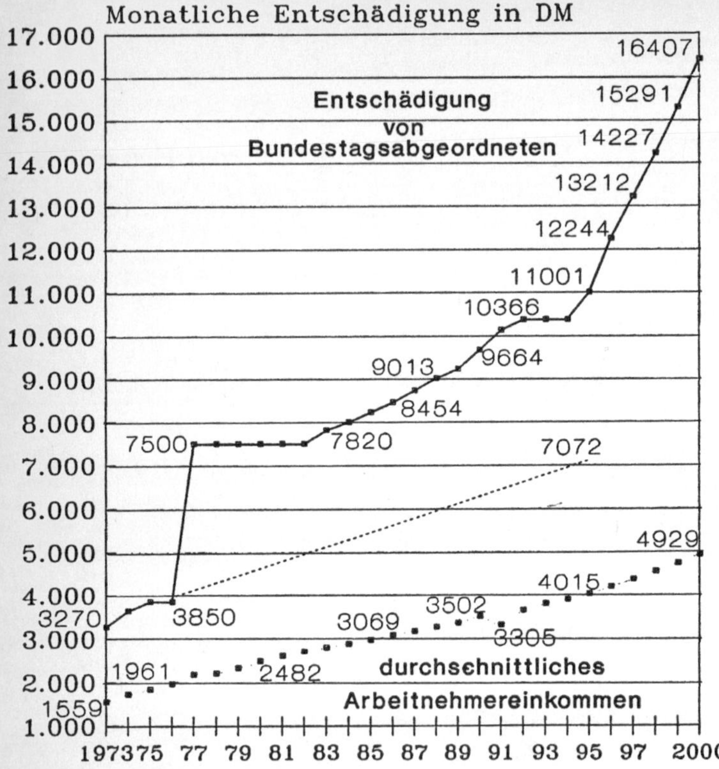

Die obere Linie des Schaubildes zeigt die Entwicklung der für den Lebensunterhalt von Bundestagsabgeordneten bestimmten Bezüge, die bis 1976 als »Aufwandsentschädigung«, seitdem als »Entschädigung« bezeichnet werden. Sie waren bis 1976 steuerfrei, 25% wurden aber als Beitrag der Abgeordneten zur Altersversorgung abgezogen. Seit 1977 wird kein Beitrag zur nunmehr rein staatsfinanzierten Altersversorgung mehr erhoben; dafür unterliegt die Entschädigung der Einkommensteuer, was sich in

[Fortsetzung nächste Seite]

hätte: Errechnete sich die Entschädigung heute immer noch als ein Drittel des Amtsgehalts eines Bundesministers, erhielten Bundestagsabgeordnete heute eine Entschädigung von etwa 7072 DM (vgl. Schaubild 4, S. 74, gestrichelte Linie), einen Betrag also, der sehr viel niedriger liegt als die tatsächliche derzeitige Entschädigung von 10 366 DM.

Betrachtet man den gesamten Zeitraum von 1973 bis 2000 und vergleicht die Entwicklung der Abgeordnetenentschädigung mit der Entwicklung des durchschnittlichen Arbeitnehmereinkommens[7] (Tabelle 13 im Anhang, S. 166), so zeigt sich, daß die Entschädigung sehr viel schneller steigt (Schaubild 4, S. 74). Während die Entschädigung sich seit 1973 etwa verfünffacht haben wird, wird sich das durchschnittliche Arbeitseinkommen etwa verdreifacht haben. (Bei dem Vergleich zwischen Entschädigung und Arbeitnehmereinkommen ist noch nicht einmal berücksichtigt, daß Arbeitnehmer von ihrem Bruttoeinkommen [neben der

---

[Fortsetzung der Anm. zu Schaubild 4:]
etwa ausgleichen dürfte, so daß die Werte vor und nach 1977 trotz der Änderung der Struktur einigermaßen vergleichbar werden (Näheres in Kapitel 4, S. 71 ff.). Die Werte für die Jahre 1995 und später beruhen auf dem Gesetzentwurf vom 28. 6. 1995 (Bundestagsdrucksache 13/1825) und sind der Tabelle 1, (S. 30 f.) entnommen.

Zum Vergleich zeigt die gestrichelte Linie, wie sich die Entschädigung entwickelt hätte, wenn das bis 1976 bestehende Verfahren (Abgeordnetenentschädigung = 1/3 des Amtsgehaltes eines Bundesministers) fortgegolten hätte.

Die untere Linie zeigt die Entwicklung der durchschnittlichen Bruttolohn- und -gehaltssumme von Arbeitnehmern in der Bundesrepublik Deutschland, bis 1990 früheres Bundesgebiet, ab 1991 Deutschland insgesamt (Werte entnommen aus Tabelle 13, S. 166).

Die Entschädigung wird bis zum Jahre 2000 sehr viel schneller gewachsen sein als das durchschnittliche Erwerbseinkommen von Arbeitnehmern: Während die Entschädigung sich seit 1973 etwa verfünffacht haben wird, wird sich das durchschnittliche Arbeitseinkommen nur etwa verdreifacht haben.

Lohnsteuer] auch hohe und überproportional gestiegene und weiter steigende Beiträge zur Sozialversicherung [vgl. Tabelle 14 im Anhang, S. 167] abzuführen haben, was bei Abgeordneten wegen der Staatsfinanzierung ihrer Altersrente und der ebenfalls staatsfinanzierten Beihilfe im Krankheitsfall nicht oder doch nur in sehr viel geringerem Umfang der Fall ist.)
Die Erhöhung der Entschädigung schlug auch auf das (an die Entschädigung gekoppelte) Übergangsgeld durch und auf die Alters-, Invaliditäts- und Hinterbliebenenrente.
Legt man als Basisjahr für die Ermittlung des Wachstums der Entschädigung also nicht 1977, sondern das Jahr 1976 zugrunde, so ergibt sich – wegen des vorher sehr viel niedrigeren Niveaus der Entschädigung – ein völlig anderes Bild. Es errechnet sich dann kein Diätenrückstand, sondern im Gegenteil ein erheblicher Vorsprung. (Daß die offizielle Diktion von einem angeblichen Einkommensrückstand *nicht* zutrifft, ist im übrigen in Fachkreisen anerkannt.)[8] Hätte man das frühere relative Niveau und das frühere Entscheidungsverfahren aufrechterhalten, so wäre die Entschädigung heute beträchtlich niedriger als 10 366 DM.
Man mag auf den ersten Blick versucht sein, gegen diese Rechnung einzuwenden, das Bundesverfassungsgericht habe die damalige Koppelung an die Beamtenbesoldung für verfassungswidrig erklärt, so daß dieses Verfahren für Vergleichsrechnungen nicht mehr herangezogen werden dürfe. Doch greift dieser Einwand nicht, nachdem eben diese Koppelung an Beamtengehälter nunmehr wieder eingeführt (und die entgegenstehende Rechtsprechung des Bundesverfassungsgerichts durch eine Änderung des Grundgesetzes unterlaufen) werden soll, bloß eben nicht als Bemessung in Höhe eines Drittels des Amtsgehalts eines Bundesministers, sondern in voller Höhe des Gehalts eines Bundesrichters der Besoldungsgruppe R 6, was genau der Besoldungsgruppe B6 eines hohen Beamten (Ministerialdirigenten) entspricht und sehr viel mehr ist als das frühere Drittel des Amtsgehalts eines Bundesministers.

Weiter mag man einwenden, die Entschädigung sei zum 1. 4. 1977 auf eine »Vollalimentation« umgestellt worden und das Bundesverfassungsgericht habe den Gesetzgeber in seinem Diätenurteil von 1975 zu einer solchen Umstellung geradezu verpflichtet. Auch dieser Einwand sticht aber nicht: Das Bundesverfassungsgericht hat in seinem Diätenurteil ausdrücklich konstatiert, daß bereits eine Entschädigung in der damaligen Höhe von 3000 DM netto tatsächlich eine »Vollalimentation« war, wobei es allerdings die Frage der Angemessenheit offengelassen hatte;[9] zudem hatten die Bundestagsabgeordneten seit 1968 eine Altersversorgung, was ebenfalls auf eine Vollalimentation hinweist. Im übrigen hat das Gericht inzwischen seine Rechtsprechung geändert und den früheren verfassungsrechtlichen Zwang zur Einführung einer Vollalimentation ausdrücklich aufgehoben.[10]
Andererseits sei klargestellt: In der vorliegenden Untersuchung wird keineswegs vorgeschlagen, die Entschädigung auf 7500 DM zurückzuführen. Es geht lediglich um die Nachprüfung der Behauptung, die derzeitigen 10 366 DM seien offensichtlich zu niedrig.

Abweichung von den Vorschlägen des Rosenberg-Beirats

Die Anhebung auf 7500 DM zum 1. April 1977 war nicht nur im Vergleich zu den vorher gezahlten Diäten ein Riesensprung nach oben, sondern die Anhebung war auch erheblich höher, als eine Kommission vorgeschlagen hatte, die eigens mit der Begutachtung dieser Frage beauftragt worden war: der sogenannte Beirat für Entschädigungsfragen unter Vorsitz des früheren Vorsitzenden des Deutschen Gewerkschaftsbundes Alfred Rosenberg (deshalb »Rosenberg-Beirat«). Diese Kommission war vom Ältestenrat des Bundestages eingesetzt worden, und die Auswahl der Mitglieder erfolgte gewiß nicht in der Absicht, eine besonders bescheidene Neuregelung vorgeschlagen zu bekommen. Der Beirat war mit bestverdienenden Persönlichkeiten wie dem Präsidenten der Deutschen Bundesbank (Dr. Karl Klasen), dem Präsidenten des Deutschen Industrie- und Handelstages (Otto Wolff von Amerongen), dem Präsidenten des Bundesfinanzhofs (Prof. Hugo von Wallis) sowie des Sachverständigenrats (Prof. Olaf Sievert) und mit ehemaligen Bundestagsabgeordneten und einem Landtagspräsidenten besetzt.[11] Ein Sachverständiger für die Abgeordnetenbezahlung (wie zum Beispiel Theodor Eschenburg) oder ein Verfassungsrechtler war dagegen nicht vertreten. Berücksichtigt man, daß der Ältestenrat auch ein Mitglied der Bundespressekonferenz in den Beirat berufen hatte, so entsteht – unbeschadet des unbestreitbaren persönlichen Formats der einzelnen Mitglieder – der Eindruck, daß es dem Bundestag vornehmlich darauf angekommen war, gut Wetter für eine möglichst weitgehende Erhöhung der Abgeordnetendiäten zu machen. Dennoch waren dem in eigener Sache entscheidenden Bundestag seinerzeit die Empfehlungen des Rosenberg-Beirats noch nicht genug. Der Beirat hatte vorgeschlagen, die Entschädigung auf 7000 DM festzusetzen. Der Bundestag ging mit 7500 DM noch darüber hinaus und führte zudem noch einige weitere ebenfalls über die Vorschläge des Beirats hinausgehende Vergünstigungen ein, zum Beispiel eine beamtenähnliche Beihilfe im Krankheitsfall und eine erheblich großzügigere steuerfreie Kostenpauschale: Während der Beirat eine Kostenpauschale von 3400 DM, die nur bei besonderen Nachweisen auf 4000 DM erhöht werden können sollte, empfohlen hatte,[12] setzte ein Sonderausschuß des Bundestages ohne nachprüfbare Begründung (»aufgrund seiner Erfahrungen«) die Kostenpauschale auf 4500 DM fest.[13]

Die über den Beirat hinausgehende Festsetzung der Entschädigung auf 7500 DM wurde mit zwei Argumenten zu rechtfertigen versucht: Einmal habe der Beirat seine Empfehlungen auf der Basis des Jahres 1975 gemacht, das neue Abgeordnetengesetz trete aber

erst zwei Jahre später (1. 4. 1977) in Kraft.[14] Dieses Argument war schon deshalb nicht tauglich, weil das Bundesverfassungsgericht im Diätenurteil davon ausgegangen war, die Neuregelung müsse zu Beginn der neuen Legislaturperiode in Kraft gesetzt werden[15] und auch die Vorschläge des Beirats selbstverständlich auf den Beginn der neuen Legislaturperiode (Ende 1976) bezogen waren. Des weiteren wurde für die Festsetzung auf 7500 DM angeführt, die Entschädigung solle »für die Jahre 1977 und 1978 unverändert« bleiben.[16] Aber auch dieses Argument kann die Abweichung vom Vorschlag des Beirats nicht (auch nicht teilweise) tragen, weil der Beirat selbst keine jährliche Überprüfung, sondern nur »eine Überprüfung der Diäten der Mitglieder des Bundestags im Abstand von etwa zwei Jahren« empfohlen hatte, also ebenfalls davon ausgegangen war, die Entschädigung bliebe 1977 und 1978 unverändert.[17]
Bereits am Anfang der »Zeitrechnung« des Bundestags für die Entwicklung der Entschädigung, im Jahre 1977 also, liegt ein kleiner Sündenfall: Der Bundestag hatte sich die Anhebung der Entschädigung über die vom Beirat empfohlenen 7000 DM hinaus mit unzutreffenden Argumenten ermogelt.
Dies erschien um so problematischer, als der Bundestag die Erhöhung der Entschädigung im Dezember 1976 in derselben Woche beschlossen hatte, in der »der versuchte Rentenbetrug«, also die durch knappe öffentliche Kassen erzwungene Rücknahme vorher zugesagter Erhöhungen der Sozialversicherungsrenten, stattfand.[18]

B 3 oder B 6?

In diesen Zusammenhang gehört auch die Frage, welcher beamtenmäßigen Besoldungsgruppe die seinerzeit festgesetzte Entschädigung denn eigentlich entsprach, eine Frage, die heute um so mehr an Gewicht gewinnt, als der Gesetzentwurf der Fraktionen der

CDU/CSU und SPD die unmittelbare Koppelung der Entschädigung an die Besoldungsgruppe R6 (= B6) vorsieht und in den Gesetzesmaterialien behauptet wird, die Entschädigung habe bei ihrer ursprünglichen Festsetzung dem Gehalt der Besoldungsgruppe B6 entsprochen. Der Rosenberg-Beirat war ausdrücklich davon ausgegangen, die von ihm vorgeschlagene Höhe der Entschädigung von monatlich 7000 DM entspreche – unter Berücksichtigung der Beihilfeansprüche des Beamten im Krankheitsfall, die der Abgeordnete nach den Vorstellungen des Beirats nicht erhalten sollte – dem Gehalt eines Ministerialrats (Besoldungsgruppe B3).[19] In der Tat bezog ein Ministerialrat der Besoldungsgruppe B3 ab dem 1. 2. 1977 ein monatliches Einkommen von 6909 DM (1/12 der Jahresbezüge).[20] Der Bundestag hatte diesen Betrag dann zwar um 500 DM auf 7500 DM erhöht. Dadurch wurde aber keineswegs das Gehalt eines Ministerialdirigenten (Besoldungsgruppe B6 = R6) erreicht, der ab 1. 2. 1977 8208 DM (1/12 der Jahresbezüge) bezog, also noch 700 DM mehr als die auf 7500 DM erhöhte Abgeordnetenentschädigung (vgl. Tabelle 12 im Anhang, S. 165). Der Abstand verringert sich noch weiter, wenn man berücksichtigt, daß die Entschädigung auch nach den Vorstellungen des Bundestags jedenfalls im Jahre 1978 unverändert bleiben sollte und die Bezüge eines Beamten der Besoldungsgruppe B3 ab 1. 3. 1978 7183 DM (siehe Tabelle 11, S. 163 f.) und der Besoldungsgruppe B6 8535 DM (vgl. Tabelle 12, S. 165) betrugen. Es zeigt sich also, daß die Entschädigung von 7500 DM der Besoldungsgruppe B3 sehr viel näher war als der Besoldungsgruppe B6. Damit erweist sich die Behauptung, die Entschädigung habe bei ihrer ursprünglichen Festsetzung dem Gehalt der Besoldungsgruppe B6 bzw. R6 entsprochen, die sich im Bericht der Rechtsstellungskommission vom 26. 6. 1995 findet, als falsch. Diese Behauptung soll offenbar den Eindruck vermitteln, die nunmehr vorgesehene Koppelung der Entschädigung an die Besoldungsgruppe R6 sei nur eine Wiederherstellung des früheren Zustandes[21], was aber eben nicht zutrifft.[22]

Bescheidenheit oder schlechtes Gewissen?

Doch die erhöhte Festsetzung der Entschädigung auf 7500 DM (statt 7000 DM) war, genaugenommen, von verhältnismäßig geringem Gewicht im Vergleich zu den vielfältigen strukturellen Mängeln, die die Neuregelung aufwies und die alle – im Widerspruch zum Diätenurteil des Bundesverfassungsgerichts – auf eine unangemessene Privilegierung der Abgeordneten hinausliefen:

- die überzogene steuerfreie Kostenpauschale von seinerzeit monatlich 4500 DM (= 54 000 DM jährlich),
- die überzogene Altersrente,
- das überzogene Übergangsgeld,
- die Möglichkeit, doppelte Gehälter und Pensionen aus öffentlichen Kassen zu beziehen, die durch viel zu großzügige Anrechnungsbestimmungen nur unzureichend eingeschränkt wurde, und
- das Fehlen von gesetzlichen Vorkehrungen gegen Zahlungen von Interessenten aufgrund sogenannter Beraterverträge (»Lobbygelder«) und sogenannter Spenden.

Daß diese Regelungen, die Bundestagsabgeordneten beträchtliche Zusatzeinkommen verschaffen, mit dem Diätenurteil des Bundesverfassungsgerichts unvereinbar und verfassungsrechtlich nicht zu halten waren, war in Fachkreisen ein offenes Geheimnis.[23] So betonte Willi Geiger, Richter am Bundesverfassungsgericht und Mitverfasser des Diätenurteils, in einem Vortrag vor der Deutschen Vereinigung für Parlamentsfragen am 2. Mai 1978 die »Verfassungswidrigkeit der gegenwärtigen Regelungen der Aufwandsentschädigung«[24] nachdrücklich. Auch das Bundesverfassungsgericht selbst versuchte, in einer Entscheidung vom 20. Juni 1978 zu retten, was noch zu retten war, und unterstrich die engen verfassungsrechtlichen Grenzen für steuerfreie Kostenpauschalen. Man-

gels Antragsbefugnis des in diesem Verfahren klagenden Bürgers (des pensionierten Oberlandesrichters Speckmann) kam es aber zu keiner Sachentscheidung,[25] so daß der Bremsversuch des Gerichtes folgenlos blieb. Willi Geiger prangerte darüber hinaus auch die seinerzeit eingeführte Abgeordnetenrente an; sie werde »dem demokratischen Gebot der Transparenz der Verhältnisse, die nach der Auffassung des Gerichts die Grundlage für das Vertrauen des Bürgers zu den Regierenden« bilde, nicht gerecht und sei ein mit dem Diätenurteil des Bundesverfassungsgerichts unvereinbarer »Mißbrauch«.[26] Auch die vorgesehenen Übergangsgelder seien »mit der Konzeption des Gerichts unvereinbar«.[27] Geiger war von der Fortzahlung der Bezüge allenfalls für eine kurze Zeitspanne ausgegangen – er sprach von drei Monaten.[28] Selbst Bundespräsident Scheel warnte öffentlich vor den Neuregelungen, die er als Ausdruck »schlechten politischen Stils« kritisierte.[29] Eine Analyse des Abgeordnetengesetzes und eine Kritik seiner verfassungswidrigen Teile enthielten auch mehrere Schriften des Karl-Bräuer-Instituts des Bundes der Steuerzahler[30] und die 1980 erschienene umfassende Kommentierung des Diätenartikels des Grundgesetzes im Bonner Kommentar.[31] Darin wurden auch die ungenügenden Anrechnungsregelungen und die fehlenden gesetzlichen Vorkehrungen gegen Lobbyzahlungen von Interessenten herausgestellt.
Vor diesem Hintergrund verwundert es nicht, daß die Medien – unabhängig von ihrer politischen Grundrichtung – von der Verfassungswidrigkeit des neuen Abgeordnetengesetzes ausgingen und fest damit rechneten, es werde zu einem zweiten Diätenurteil des Bundesverfassungsgerichts kommen. Es gilt aber aus langjähriger Beobachtung der Erfahrungssatz, daß neben berechtigter öffentlicher Kritik auch eine bevorstehende gerichtliche Entscheidung, die dieser Kritik zusätzliche Wirkung vermitteln könne, das Parlament bei Entscheidungen in eigener Sache zur Zurückhaltung oder sogar zu Kürzungen zu veranlassen pflegt.[32] Friedrich-Karl Fromme wies in der *Frankfurter Allgemeine Zeitung* mit Recht darauf hin, die

Kostenpauschale von Bundestagsabgeordneten werde »von fast allen Kennern in der jetzigen Form als verfassungswidrig angesehen«.[33] Rolf Zundel stellte in der *Zeit* die Frage, »ob die Parlamente sehenden Auges in Kauf nehmen (wollten), daß ihnen Karlsruhe über kurz oder lang und nun schon zum zweiten Mal verfassungswidriges Verhalten in erheblichem Umfang attestiert? Die Wirkung auf das Ansehen der parlamentarischen Demokratie [wäre] unschwer vorauszusehen.«[34] Und in einer Antwort darauf räumte die Bundestagsabgeordnete Ingrid Matthäus die Berechtigung der Kritik öffentlich ein und machte Vorschläge etwa zur Einschränkung der Kostenpauschale, der Altersrente und der Zahlungen von Lobbyisten.[35]

Eine wesentliche Ursache dafür, daß der Bundestag seit 1977 die Entschädigung fünf Jahre lang nicht erhöhte, liegt also in dem schlechten verfassungsrechtlichen Gewissen, das der Bundestag, sehr wohl begründet, haben mußte, und in der Befürchtung, ein zweites verfassungsgerichtliches Urteil werde die massive und mehrfache Verfassungswidrigkeit der Neuregelung aufdecken und die unzulässigen Privilegien beseitigen.[36] Erst als sich herausgestellt hatte, daß auch eine weitere beim Bundesverfassungsgericht anhängige Klage nicht zulässig war und eine Sachentscheidung des Gerichts nicht mehr zu erwarten schien, ging der Bundestag wieder zu Erhöhungen über. Dieses weitere Verfahren hatte der Stuttgarter Landtagsabgeordnete Enderlein in Karlsruhe angestrengt. Doch mit Urteil vom 29. 6. 1983[37] ging auch dieses Verfahren ohne Sachentscheidung zu Ende. Das Gericht verneinte schon die Zulässigkeit des Antrags zum Bundesverfassungsgericht (zuständig wäre der Stuttgarter Staatsgerichtshof gewesen), so daß sich die Bundestagsabgeordneten ab diesem Zeitpunkt vor der Rechtsprechung des Bundesverfassungsgerichts weitgehend sicher fühlen konnten.[38]

Man zögerte nicht lange: Wenige Monate nach dem Urteil des Bundesverfassungsgerichts vom 29. 6. 1983 empfahl der Präsident des Bundestags mit Bericht vom 11. 10. 1983 eine »maßvolle«

Erhöhung der Entschädigung.[39] Aufgrund eines Gesetzentwurfs der Fraktionen der CDU/CSU, der SPD und der FDP wurde durch Gesetz zur Änderung des Abgeordnetengesetzes und des Europaabgeordnetengesetzes vom 22. 12. 1983 rückwirkend zum 1. 7. 1983 eine Erhöhung der Entschädigung um 4,2 Prozent (von 7500 DM auf 7820 DM) beschlossen.[40]

Diese Erhöhung errechnete sich nur aus der durchschnittlichen Zunahme der Einkommen bestimmter Berufsgruppen *im Jahre 1983*,[41] sah also – wie auch schon die Vorschläge im vorangegangenen Bericht des Bundestagspräsidenten[42] – ausdrücklich keine Anpassung an die Einkommenserhöhungen der vorangegangenen Jahre, also der Jahre 1977 bis 1982, vor. Dies wurde in den schriftlichen Materialien damit begründet, »daß angesichts der gegenwärtigen Lage des Staatshaushalts und der Wirtschaft allen Bürgern erhebliche Opfer abverlangt« würden und »den Mitgliedern des Bundestags ... deshalb die Verpflichtung zu maßvollem und bescheidenen Vorgehen bewußt« sei.[43]

Ebenso hatte auch der Bundestagspräsident bereits darauf hingewiesen, bei der Anpassung sei »zu berücksichtigen, daß die Arbeitslosigkeit andauert, die Sozialhilfe zunehmend in Anspruch genommen werden muß sowie die Bürgerinnen und Bürger der Bundesrepublik Deutschland durch eine Reihe von Maßnahmen zur Konsolidierung der Staatsfinanzen Einschränkungen ihrer Nettoeinkommen hinnehmen mußten und müssen. Im steuerrechtlichen Bereich wurden einige Abzugsmöglichkeiten, Freibeträge und Pauschalen vermindert und von bestimmten Einkommensgrenzen an eine Investitionshilfeabgabe eingeführt. Im sozialen Bereich sind bei den gesetzlichen Kranken-, Renten- und Arbeitslosenversicherungen, bei Kindergeld, Ausbildungsförderung, Wohngeld und Sozialhilfe den Bürgerinnen und Bürgern Belastungen auferlegt worden.«[44]

Der Bundestag stand also damals selbst auf dem Standpunkt, für die Jahre 1977 bis 1982 bestehe kein Nachholbedarf, und er nahm deshalb bewußt keine Anpassung der Abgeordnetenentschädigung an die allgemeine Einkommensentwicklung der Jahre *vor* 1983 vor[45] (mögen auch die wirklichen Gründe dafür nicht alle offiziell genannt worden sein, vor allem nicht die hohe anfängliche Festsetzung der Entschädigung auf 7500 DM und der Kostenpauschale auf 4500 DM und das schlechte verfassungsrechtliche Gewissen, das der Bundestag wegen der verdeckten Zusatzeinkommen haben mußte, die Bundestagsabgeordnete aufgrund verfassungswidrig zweifelhafter Privilegien erhielten).

Zwischenergebnis

Es war also nicht irgendein struktureller Mangel des vom Bundesverfassungsgericht ausdrücklich vorgeschriebenen Gesetzgebungsverfahrens, in dem über die Höhe, Ausgestaltung und jede Änderung der Entschädigung selbständig entschieden werden muß, der die Anhebung fünf Jahre lang verhindert hätte, sondern es waren das anfänglich hohe Niveau, die fortbestehenden Privilegien im finanziellen Status der Bundestagsabgeordneten und die beträchtlichen wirtschaftlichen Einschränkungen, die der parlamentarische Gesetzgeber den Bürgern abverlangt hatte, die die anfängliche Zurückhaltung des Bundestags bei Diätenerhöhungen begründeten. Für diese Zurückhaltung gab es somit gute Gründe. Und das vom Bundesverfassungsgericht vorgeschriebene öffentlichkeitswirksame Entscheidungsverfahren sicherte die nötige Sensibilität des Bundestags gegenüber diesen berechtigten Gründen und verhinderte bis zu einem gewissen Grad, daß die Bundestagsabgeordneten in eigener Sache ihre Interessen rücksichtslos durchboxten.

Die Bundestagspräsidentin und ihre Berater

Die Gesetzentwürfe der Fraktionen der CDU/CSU und SPD vom 28. 6. 1995 zur Änderung des Grundgesetzes, des Abgeordnetengesetzes und des Europaabgeordnetengesetzes berufen sich für die vorgesehene Erhöhung ausdrücklich auch auf den Bericht eines Berater-Gremiums von 1990. Dieser »Bericht der unabhängigen Persönlichkeiten über die Beratung der Präsidentin bei Überprüfung der für die Mitglieder des Deutschen Bundestags bestehenden materiellen Regelungen und Bestimmungen« (er nennt sich tatsächlich so!) vom 13. 6. 1990[46] empfahl, die Entschädigung (von seinerzeit 9664 DM) »um mindestens 3000 Mark monatlich« auf einen Betrag zwischen 12 000 und 13 000 DM anzuheben und auch die steuerfreie Kostenpauschale (von seinerzeit 5443 DM) zu erhöhen. Das wurde unter anderem damit begründet, zwischen 1977 und 1983 habe keine und danach nur eine an Tariflohnsteigerungen und die Preisentwicklung angelehnte Anhebung stattgefunden. Der Bericht dieses Berater-Gremiums erwies sich aber als grob einseitig, weil er nicht einmal die Frage stellte, warum bis 1983 keine Erhöhung stattgefunden hatte, geschweige denn diese Frage beantwortete. Der Bericht geht weder auf die gewaltige Steigerung der Entschädigung und der Altersentschädigung zum 1. April 1977 gegenüber dem vorher bestehenden Zustand ein, noch auf die Zuschläge, die der Bundestag sich über die Empfehlungen des Rosenberg-Beirats hinaus bewilligt hatte, noch auf die zahlreichen Strukturmängel und fortbestehenden Privilegien des Abgeordnetengesetzes. Dieses Ausblenden zentraler Fragen mußte um so merkwürdiger anmuten, als bereits durch den hessischen Diätenfall (1988/89) eine intensive Diskussion jener Strukturmängel ausgelöst und eine Reihe von Kommissionen eingesetzt worden waren, die den Auftrag hatten, jene Mängel aufzuarbeiten. Genannt sei hier allein eine von den Präsidenten der Landesparlamente der elf Bundesländer eingesetzte Kommission der Landtagsdirek-

toren, also der Spitzenbeamten aller elf Landesparlamente. Sie rügte in ihrem Bericht unter anderem, daß die Altersversorgung einerseits derjenigen von Beamten nachgebildet sei, sie aber andererseits in früherem Lebensalter einsetze und sehr viel höhere jährliche Steigerungssätze aufweise, und empfahl, diese Altersversorgungsprivilegien von Abgeordneten umfassend zu beseitigen.[47]
Die Landtagspräsidenten versuchten zwar, die brisante Studie der von ihnen selbst eingesetzten Kommission hochkarätiger und bestinformierter Kenner der Probleme unter der Decke zu halten – das jedoch mißlang.
Das Berater-Gremium des Bundestags tat gleichwohl so, als gäbe es die kritische und auf durchgreifende Reformen angelegte öffentliche Diskussion nicht. Dieses scheuklappenartige Vorgehen des Berater-Gremiums dürfte mit seiner verfahrensmäßigen und organisatorischen Einbindung in den Bundestag und dessen Präsidium, also die Betroffenen selbst, zusammenhängen. Deshalb konnte von Unabhängigkeit dieses Gremiums – bei allem guten Willen und allem unbestreitbaren Format der einzelnen Persönlichkeiten – in Wahrheit kaum die Rede sein: Die Berater tagten »unter Vorsitz der Bundestagspräsidentin und Beteiligung der Vizepräsidenten sowie von Fraktionsgeschäftsführern« (so der Bericht) und waren damit dem Informationsvorsprung und dem von Eigeninteressen geprägten Vorverständnis der Betroffenen und ihrer Stäbe ausgeliefert. Das erklärt die Einseitigkeit des Berichts des Beratungsgremiums, von dessen Mitgliedern fünf Vorsitzende großer Bundesverbände, der Rest vor allem Professoren und hohe Richter waren. (Ein Mitglied distanzierte sich in einem Minderheitsvotum vom Bericht der Mehrheit.)[48]
Selbst diejenige Begründung, die das Berater-Gremium für die Anhebung der Entschädigung um ca. 3000 DM anführte, war nicht schlüssig. Die Anhebung sollte mehr Unabhängigkeit schaffen und hochverdienenden Seiteneinsteigern den Zugang zum Parlament ermöglichen. Die mangelnde Schlüssigkeit dieser Argu-

mentation hat vor allem eine Kommission des bayerischen Landtags dargelegt und daraus die naheliegende Folgerung gezogen, deshalb sei eine entsprechende Anhebung der Entschädigung für Mitglieder des bayerischen Landtags nicht angezeigt. Im einzelnen führte die Kommission in ihrem Bericht vom November 1991 aus:

»Die Kommission kann dem Gutachten der unabhängigen Persönlichkeiten vom 13. Juni 1990 nicht folgen. Soweit darin eine erhebliche Erhöhung der Abgeordnetenentschädigung mit Rücksicht darauf gefordert wird, daß die Angehörigen freier Berufe, Rechtsanwälte und Wirtschaftsprüfer, Geschäftsführer und Vorstandsmitglieder von Wirtschaftsgesellschaften nicht durch eine zu geringe Entschädigung davon abgehalten werden dürften, ein Mandat zu übernehmen, hält die Kommission dies für eine zu theoretische Betrachtungsweise. Richtig ist allerdings, daß der Zugang zum Mandat nicht durch die Entschädigungsregelung gesteuert werden, daß eine zu geringe Entschädigung nicht ganze Berufsgruppen von der Annahme eines Mandats abhalten darf. Die Entschädigungsregelung muß sich jedoch von der praktischen Vernunft und von den tatsächlichen Gegebenheiten leiten lassen. Die Abgeordnetenentschädigung kann keinesfalls so hoch sein, daß die Bezieher hoher Einkommen etwa unter den Vorstandsmitgliedern oder Geschäftsführern von Wirtschaftsunternehmen, unter den Angehörigen freier Berufe, unter den Chefärzten, den Künstlern, den Berufssportlern, den Angehörigen der Unterhaltungsbranche usw. im Falle der Übernahme eines Mandats keinen empfindlichen Einkommensverlust hinnehmen müßten. Abgesehen davon wird dieser Personenkreis, von seltenen Ausnahmen abgesehen, die Übernahme eines Mandats gar nicht anstreben. Dabei ist von Bedeutung – bei sehr kleinen oder neu entstandenen Parteien ohne ausreichende Personaldecke mag es anders sein –, daß Aussicht auf eine Nominierung als Landtagskandidat nur derjenige hat, der längere Zeit ›Parteiarbeit‹ geleistet hat, im Falle seiner Nominierung Wahlkampf führt, kurz, daß er nicht unerhebliche Zeit und Kraft für politische Tätigkeiten im Interesse und im Rahmen seiner Partei aufwendet. Dazu aber sind die erwähnten Personen mit Rücksicht auf ihren Beruf in der Regel kaum in der Lage. Wer aber politisch so stark engagiert ist, daß er neben seinem Beruf ohne finanziellen Ausgleich die politischen Voraussetzungen für die Erlangung eines Mandats schafft, wird das erlangte Mandat trotz einer für seine Verhältnisse geringen Entschädigung dann auch wahrnehmen. Die Zusammensetzung des Bayerischen Landtags bestätigt diese Überlegungen.«[49]

Es ist offensichtlich, daß ein derart einseitiger Bericht wie derjenige des Berater-Gremiums des Ältestenrats des Bundestags vom 13. 6. 1990 keine tragfähige Grundlage für eine Änderung des Abgeordnetengesetzes des Bundes abgeben konnte. Möglicherweise wären seine Empfehlungen aber dennoch Gesetz geworden, hätten nicht bald nach seiner Vorlage der Hamburger Diätenfall und andere Diäten- und Versorgungsskandale auch Bonn aufgeschreckt und den Blick auf die ungerechtfertigten Privilegien gelenkt, die Bundestagsabgeordnete genießen (und die der Bericht von 1990 nicht einmal erwähnt hatte). Hinzu kam, daß im Jahre 1991 wiederum Klagen von Abgeordneten beim Bundesverfassungsgericht anhängig gemacht wurden, die eine Reihe finanzieller Privilegien von Landtagsabgeordneten angriffen, unter anderem auch die Kostenpauschale, die überzogenen Altersrenten und Übergangsgelder, die unzureichenden Anrechnungsregelungen beim Zusammentreffen mehrerer Alimentationen aus öffentlichen Kassen und die fehlenden gesetzlichen Vorkehrungen gegen Zahlungen von Lobbyisten.[50] Dadurch erhielt die Furcht der Parlamente vor einem zweiten verfassungsgerichtlichen Spruch aus Karlsruhe erneut Nahrung. (Diese Verfahren sind noch nicht entschieden.)

Kommissionen, Kommissionen

All dies trug dazu bei, daß selbst Bundestagspräsidentin Süssmuth den Bericht nicht mehr als maßgeblich ansah und im Sommer 1992 eine zweite Diäten-Kommission unter Vorsitz des Präsidenten des Bundesarbeitsgerichts Otto Rudolf Kissel berief, die ihren Bericht im Juni 1993 vorlegte.[51] Auch hier hatte der Bundestag seine Kontrolleure aber wieder selbst ausgewählt. Statt – notfalls in Abstimmung mit den Landtagen – eine Kommission zu berufen, die den finanziellen Status aller deutschen Abgeordneten, also auch derjenigen in den Bundes*ländern*, einbezog, beschränkte sich der Auftrag der Kissel-Kommission zudem auf den Bundestag, und jedes Landesparlament berief eine eigene Kommission; die Folge war eine unüberschaubare Vielzahl von Diätenkommissionen und ihren Berichten, die kaum noch jemand überblicken konnte,[52] so (neben der Kissel-Kommission selbst) in

- Baden-Württemberg,
- Bayern,
- Berlin,
- Bremen,
- Hamburg,
- Mecklenburg-Vorpommern,
- Niedersachsen,
- Saarland,
- Sachsen-Anhalt,
- Schleswig-Holstein,
- Thüringen.

Immerhin wichen die Kissel-Kommission und die Kommissionen auf Landesebene den Privilegien im finanziellen Status der Abgeordneten nicht mehr aus, sondern machten auch insoweit eine Reihe von Abbauvorschlägen. So sollte das überdimensionierte Übergangsgeld auf maximal ein Jahr eingeschränkt werden, die

Altersrente maximal 60 Prozent der Entschädigung betragen und nach 24 Jahren anfallen (allerdings keine Anrechnung auf andere Bezüge aus öffentlichen Kassen mehr erfolgen), die Kostenpauschale bis auf einen Sockel von 1000 DM entfallen und eine darüber hinausgehende Erstattung von mandatsbedingtem Aufwand nur noch auf Einzelnachweis erfolgen.

Auch die Vorschläge der Kissel-Kommission befriedigten aber nicht voll. Die Kommission ließ weiterhin Spenden an Abgeordnete unbeschränkt zu (während die Parteienfinanzierungskommission ein sanktionsbewehrtes Verbot vorgeschlagen hatte) und machte – entgegen dem ausdrücklichen Gebot des Bundesverfassungsgerichts – auch gegen unechte Beraterverträge und Scheinarbeitsverträge mit Lobbyisten nicht front. Die vorgeschlagene völlige Nichtanrechnung auch von öffentlichen Bezügen auf die Altersentschädigung erlaubte weiterhin Doppelalimentationen, zum Beispiel beim Zusammentreffen mit einer Versorgung aus früherer Tätigkeit als politischer Beamter. Was die Höhe der Entschädigung anlangte, ging auch die Kissel-Kommission der sich eigentlich aufdrängenden Frage aus dem Weg, *warum* der Bundestag die Entschädigung bis 1983 nicht angepaßt hatte (siehe S. 81 ff.), sondern errechnete durch schlichte Hochrechnung der Entschädigung entsprechend der Entwicklung der allgemeinen Einkommen seit 1977 einen Einkommensrückstand, der ihrer Auffassung nach eine Erhöhung auf rund 14 000 DM zum 1. 1. 1995 erforderlich mache.[53]

Hier bestätigt sich erneut: Derartige Kommissionen, die dem Parlament Vorschläge machen sollen, über die das Parlament dann in eigener Sache zu entscheiden hat, werfen zwei Probleme auf. Das *eine* ist die Auswahl der Mitglieder und die Unabhängigkeit der Arbeitsweise und Informationsbeschaffung der Kommission vom Parlament selbst. Darüber hinaus besteht insofern ein Dilemma, als dem Parlament das letzte Wort darüber verbleibt, was von den Vorschlägen der Kommission realisiert wird, und das Parlament bei dieser Entscheidung in eigener Sache nicht unbefangen ist. Dieses Bewußtsein wirkt auf die Vorschläge der Kommission voraus und erschwert es den Kommissionsmitgliedern bereits gedanklich, solche Vorschläge zu formulieren, von denen sie befürchten, daß sie gegen die Eigeninteressen des Parlaments nicht durchsetzbar sein werden, so nötig und sachlich sinnvoll derartige Vorschläge auch sein mögen.

Folgerichtig gingen solche Kommissionen erheblich weiter, die nicht im Sog der Parlamente standen und sich auch von unmittelbaren Realisierungsfragen innerlich freimachen konnten, so die Kommissionen in Baden-Württemberg, Rheinland-Pfalz und Sachsen. Die Diätenkommission Rheinland-Pfalz schlägt zum Beispiel vor, die Altersversorgung mit einem linearen Steigerungssatz von zwei Prozent der Entschädigung pro Jahr zu bemessen (Höchstsatz von 75 Prozent nach 37,5 Mandatsjahren, Beginn mit vollendetem 60. Lebensjahr).[54] Die Diätenkommission Baden-Württemberg empfiehlt ebenfalls, die Altersversorgung mit einem linearen Steigerungssatz von zwei Prozent pro Mandatsjahr wachsen zu lassen (ohne Sockel, Höchstsatz von 60 Prozent nach 30 Mandatsjahren, Beginn der Zahlung nicht früher als gesetzliche Rentenversicherung bzw. Beamtenversorgung).[55] Die von-Hassel-Kommission der CDU Rheinland-Pfalz hatte vorgeschlagen, die aus der Staatskasse finanzierte Abgeordnetenversorgung gänzlich entfallen zu lassen.[56]

Die Aussetzung weiterer Erhöhungen seit 1992 hängt, resümierend, damit zusammen, daß die Kritik an den strukturellen Mängeln der Entschädigung nach dem Diätenfall Hamburg und dem Versorgungsskandal im Saarland wieder in den Blick der öffentlichen Diskussion kam, eine Vielzahl von Kommissionen zur Analyse der Mängel und zur Entwicklung von Verbesserungsvorschlägen eingesetzt wurde und ein Verfahren zur Überprüfung des finanziellen Status von Abgeordneten vor dem Bundesverfassungsgericht anhängig gemacht wurde.

Der daraus resultierende Druck bewirkte, daß der Bundestag schon 1992 dem Vorschlag der Bundestagspräsidentin (Anhebung um 4,7 Prozent) nicht mehr folgte und die Entschädigung lediglich um 2,35 Prozent erhöhte, bevor dann in den Jahren 1993 und 1994 gar keine Anhebung mehr vorgenommen wurde.[57] Zugleich kündigte die Bundestagspräsidentin in ihrem Bericht vom 7. 9. 1994 an, »in der nächsten Legislaturperiode müsse über die Vorschläge der Kissel-Kommission beraten und entschieden werden.«[58] Beabsichtigt war offenbar, die Änderungen auf die Zeit *nach* der Bundestagswahl vom Herbst 1994 zu verschieben, um Erhöhungen dann leichter durchsetzen zu können und nicht unter allzugroßen Druck zum Abbau der Privilegien zu kommen.

5 Argumente für und wider den vorgesehenen Diätensprung

Drei Standardargumente dafür

Die Befürworter einer massiven Diätenerhöhung gebrauchen immer wieder drei Hauptargumente:[1]

- Eine Anhebung sei erforderlich, damit Abgeordnete einen angeblichen Rückstand gegenüber der allgemeinen Einkommensentwicklung wettmachten.
- Eine Anhebung sei erforderlich, um die Unabhängigkeit der Abgeordneten zu sichern.
- Eine Anhebung sei erforderlich, um das Abgeordnetenmandat auch für Bezieher hoher Einkommen attraktiv zu machen und ihnen gegebenenfalls den Seiteneinstieg in den Bundestag zu eröffnen.

Nachholbedarf?

Der Frage, ob die Diäten von Bundestagsabgeordneten einen Rückstand gegenüber der allgemeinen Einkommensentwicklung aufweisen, wurde bereits in Kapitel 4 ausführlich nachgegangen. Hier brauchen deshalb nur die Ergebnisse in Erinnerung gerufen zu werden: Im vierten Kapitel hatte sich gezeigt, daß die Aussagekraft der von Vertretern des Bundestags immer wieder präsentierten Daten, die einen solchen Rückstand belegen sollen, entscheidend vom Ausgangszeitpunkt der Betrachtung abhängt. Wählt man, wie die Vertreter des Bundestags, das Jahr 1977 zum Basisjahr, dann läßt sich in der Tat ein beträchtlicher Rückstand statistisch darstellen. Wählt man als Basisjahr dagegen das vorhergehende Jahr 1976 (oder irgendwelche Jahre davor), so ändert sich die Aussage völlig. Dann errechnet sich kein Rückstand der Diäten, sondern es zeigt sich ein erheblicher Vorsprung (vgl. Schaubild 4, S. 74). Der Grund dafür ist einfach: Von 1976 auf 1977 wurden die für den Unterhalt bestimmten Diäten von Bundestagsabgeordneten praktisch verdoppelt. Geht man beim Vergleich mit der Entwicklung der allgemeinen Einkommen von früheren Jahren aus, dann sind Bundestagsabgeordnete der allgemeinen Einkommensentwicklung immer noch erheblich voraus. Das zeigt der Vergleich mit der Entwicklung durchschnittlicher Arbeitnehmereinkommen (untere Kurve in Schaubild 4, S. 74).[2] Die von allen Seiten als zu üppig kritisierte Verdoppelung der Entschädigung im Jahre 1977 war sicher ein wesentlicher Grund dafür, daß die Entschädigung in den folgenden Jahren zunächst nicht weiter angehoben wurde. Weitere Gründe lagen darin, daß nicht nur die Entschädigung von damals 7500 DM betrachtet werden darf, sondern auch die wirtschaftlich außerordentlich wertvollen, wenn auch schwer durchschaubaren sonstigen Ansprüche und faktischen Einnahmen von Abgeordneten (steuerfreie Kostenpauschale, Übergangsgeld und Altersversorgung, »Spenden« und Lobbygeldzahlungen aus Wirtschaft und Verbänden) mit in den Blick genommen werden müssen. Es bestand aber Übereinstimmung unter Verfassungsrechtlern und Publizisten, daß diese »Nebenbezüge« überzogen bzw. sogar verfassungswidrig waren, und man erwartete alsbald ein weiteres Diätenurteil – alles Faktoren, die den Bundestag seinerzeit nachhaltig zur Zurückhaltung gemahnten (vgl. S. 81 ff.).

Aber selbst wenn man die zu kurzsichtige Perspektive des Bundestags übernimmt, ignoriert, daß das Niveau der Entschädigung noch im Jahre 1976 nur halb so hoch war wie ein Jahr später, und mit den Vertretern des Bundestags das erhöhte Niveau des Jahres 1977 zum Ausgangspunkt des Vergleichs macht und anstrebt, dieses Niveau wieder herzustellen, so ergibt sich doch – entgegen den Behauptungen der Rechtsstellungskommission – immer noch keine Erhöhung der Entschädigung auf die Bezüge der Besoldungsgruppe B6 (= R6): Bei Festlegung der Entschädigung im Jahre 1977 sollte diese den Bezügen eines Ministerialrats (Besoldungsgruppe B3), nicht eines Ministerialdirigenten (B6) entsprechen.[3]

Sicherung der Unabhängigkeit?

Für eine massive Erhöhung wird immer wieder auch das Argument vorgebracht, eine solche Erhöhung sei erforderlich, um die Unabhängigkeit der Abgeordneten, die das Grundgesetz gewährleiste (Art. 38 Abs. 1 Satz 2, Art. 48 Abs. 3 Satz 2 GG), zu sichern. Bei Überprüfung dieses Arguments sind zwei denkbare Abhängigkeiten zu unterscheiden, insbesondere die mögliche Abhängigkeit des Abgeordneten von der politischen Partei und die von Wirtschaft und Verbänden.

Unabhängigkeit von der politischen Partei?

Das Argument von der Erhöhung der Unabhängigkeit durch höhere Diäten übersieht, daß die *Parteien* über die Vergabe der Parlamentssitze entscheiden, der Abgeordnete deshalb zwangsläufig von seiner Partei abhängig ist. Die Nominierung des Abgeordneten in einem »sicheren Wahlkreis« oder auf einem »sicheren« Listenplatz bedeutet praktisch die Vorwegnahme der eigentlichen Wahl. Damit aber ist der Abgeordnete, der wiedergewählt werden will, nicht mehr wirklich unabhängig. Wer auswählt, befiehlt. Der frühere Minister und langjährige Bundestagsabgeordnete Hans Apel hat dies auf die zugespitzte Formel gebracht, Abgeordnete seien »Parteisoldaten«, also abhängige Funktionäre ihrer Partei.[4] Die Abhängigkeit von der Partei spiegelt sich in den hohen »Parteisteuern«, die rechtlich zwar unzulässig sind, die die Abgeordneten aber gleichwohl aus ihren Diäten an ihre Partei abführen, weil sie sonst Gefahr liefen, nicht wieder aufgestellt zu werden. Diese Abhängigkeit wird nun aber durch Diätenerhöhungen nicht gemindert, sondern im Gegenteil noch vertieft, weil der Abgeordnete, will er seinen finanziellen Status halten, um so stärker auf die Wiedernominierung durch seine Partei angewiesen ist, je höher die Diäten sind. Diese Zusammenhänge werden im Fachschrifttum sehr klar gesehen.[5]

Unabhängigkeit von Wirtschaft und Verbänden?

Natürlich muß ein Bundestagsabgeordneter ein angemessenes Einkommen erhalten, das ihm und seiner Familie ein seiner Funktion, seiner Stellung und seinen Aufgaben entsprechendes Auskommen ermöglicht. Diese Grundvoraussetzung für Unabhängigkeit aber ist beim bestehenden Niveau durchaus gegeben. Das zeigt schon der internationale Vergleich (siehe S. 104 f.). Die weitergehende Behauptung, mit der weiteren Zunahme der Bezüge steige auch die Unabhängigkeit von Interessenten aus Wirtschaft und Verbänden, ist schon deshalb zweifelhaft, weil Sozialpsychologen uns sagen, daß umgekehrt mit dem Einkommen regelmäßig auch die Wünsche und Ansprüche steigen. Je mehr die Menschen auf Geld aus sind, desto eher trifft der Satz zu: »Je mehr wir haben, desto mehr haben wir zuwenig.«[6] Es kommt deshalb vornehmlich auf die inneren Abwehrkräfte der Abgeordneten gegen finanzielle Einflußversuche von Interessenten an. Daß im übrigen die Behauptung, es bedürfe einer möglichst hohen Bezahlung, um die Abgeordneten vor Abhängigkeiten von Interessenten zu schützen, selbst von ihren Befürwortern nicht wirklich ernst genommen wird und aufgesetzt wirkt, ist offensichtlich, solange sie keine wirksamen Vorkehrungen gegen bestehende massive finanzielle Einflußmöglichkeiten von Interessenten auf Abgeordnete treffen. Bisher steht es den Abgeordneten rechtlich weitgehend frei, sich Einflüssen aus Wirtschaft und Verbänden hinzugeben und ihr Mandat an Interessierte zu verkaufen:

- So dürfen Abgeordnete nach wie vor »Spenden« von interessierten Kreisen in unbeschränkter Höhe entgegennehmen. Solche Spenden unterliegen beim Abgeordneten zudem nur einer eingeschränkten Besteuerung (keine Einkommensteuer, sondern nur Schenkungssteuer). Die Parteienfinanzierungskommission hatte verlangt, daß derartige die Unabhängigkeit der Abgeordneten gefährdende Zahlungen verboten und entsprechende Sanktionen gegen Verletzungen des Verbots eingeführt werden,[7] ohne daß dieser wichtige Punkt vom Gesetzentwurf der Fraktionen der CDU/CSU und SPD aber aufgegriffen würde.
- Darüber hinaus kann der Abgeordnete auch sonstige direkte Zahlungen von Interessenten entgegennehmen (aus sogenannten Beraterverträgen, Geschäftsführergehältern etc.) bis hin zur Korruption. Der vor kurzem eingeführte strafrechtliche Tatbestand der Abgeordnetenbestechung läuft wegen völliger praktischer »Zahnlosigkeit« auf bloß symbolische Gesetzgebung hinaus. Der 1994 erlassene § 108e des Strafgesetzbuches stellt eher eine Alibimaßnahme dar, weil nur die gezielte Einflußnahme auf ganz bestimmte Abstimmungen im Parlament (die in der Praxis kaum je nachweisbar sein dürfte), nicht aber die finanzielle Einflußnahme auf andere Aktivitäten des Abgeordneten und auf seine generelle Geneigtheit für Anliegen des Zahlenden unter Strafe gestellt ist.[8]
- Auch andere Formen der Interessenverquickung im Bundestag – so ist zum Beispiel der Vorsitzende des Gesundheitsausschusses des Bundestags, der über Kostensätze und Arzneimittellisten

mit entscheidet, Mitinhaber zweier privater Kliniken – werden trotz ihrer Problematik hingenommen. Der vorliegende Gesetzentwurf sieht auch insofern keine Vorkehrungen vor.

Köder für Seiteneinsteiger?

Als weiteres Standardargument für eine Diätenerhöhung wird immer wieder die Notwendigkeit angeführt, Parlamentsmandate für erfolgreiche und gutverdienende Persönlichkeiten aus Wirtschaft, Wissenschaft und Kultur attraktiv zu machen. Doch werden hier regelmäßig grundlegende Gesichtspunkte der praktischen Vernunft übersehen:[9] Einmal wird die Entschädigung aus öffentlichen Mitteln ohnehin niemals so hoch sein können, daß die Bezieher sehr hoher Einkommen, etwa Vorstandsmitglieder oder Geschäftsführer von Großunternehmen, Angehörige freier Berufe, Chefärzte, Künstler, Berufssportler und Angehörige der Unterhaltungsbranche im Falle der Übernahme eines Mandats keinen empfindlichen Einkommensverlust hinnehmen müßten. Zum anderen werden derartige Personenkreise ein Mandat ohnehin meist nicht anstreben, was vor allem an zwei Gesichtspunkten liegt: zunächst an der schon erwähnten Angewiesenheit des Abgeordneten auf seine politische Partei. Wer ein Mandat anstrebt, pflegt meist nicht ohne parteiinterne »Ochsentour« auszukommen, der sich aber erfolgreiche Persönlichkeiten aus Wirtschaft, freien Berufen, Verwaltung und Kultur meist nicht aussetzen wollen. Daran können auch höhere Diäten nichts ändern. Im Gegenteil: Der parteiinterne Kampf um die Nominierung als Bundestagskandidat dürfte – als Folge der beabsichtigten massiven Niveauerhöhung der Entschädigung – noch viel gnadenloser werden als bisher, und bei diesem Kampf haben diejenigen, die seit langem in der Lage sind, ihre Parteibasis zu »pflegen«, einen für Seiteneinsteiger meist unaufholbaren Vorsprung. Darüber hinaus fehlt einer Tätigkeit im Parlament gerade für viele gestaltungsorientierte Persönlichkeiten deshalb die Attraktivität, weil »normale« Abgeordnete an wichtigen politischen Entscheidungen häufig gar nicht mitwirken können. Daran nimmt regelmäßig nur ein kleiner Kreis von Mitgliedern der Regierung, der Fraktions- bzw. Parteispitzen und des Bundesrats teil. »Normale« Abgeordnete sind dagegen von derartigen Entscheidungen ausgeschlossen. Das mindert die Attraktivität des Mandats ganz erheblich – gerade für gestaltungs- und erfolgsbewußte Männer und Frauen aus Wirtschaft, Verwaltung und Kultur.

Es zeigt sich also: Die Unabhängigkeit der Abgeordneten wird durch ganz andere Faktoren als zu geringe Diäten massiv bedroht. Durch Diätenerhöhungen wird die Bedrohung eher noch verstärkt. Auch die Erwartung, durch sehr hohe Diäten hole man Leute ins Parlament, die in der Wirtschaft viel Geld verdienten, trifft in aller Regel nicht zu. Solche Leute stören ganz andere Dinge. Seiteneinsteiger werden viel eher durch nichtfinanzielle Gegebenheiten von einer Bewerbung abgehalten, die durch Diätenerhöhungen nicht beseitigt werden. Diätenerhöhungen kommen deshalb in Wahrheit ganz überwiegend denen zugute, die sich ohnehin für ein Leben von der Politik entschieden haben.[10] Das bestätigt der vorliegende Gesetzentwurf: Die größte Verbesserung erhalten die derzeit amtierenden Bundestagsabgeordneten, deren Altersrente als wirtschaftlich gewichtigster Teil – entgegen den öffentlichen Ankündigungen – stark zunimmt. Der ohnehin schon überversorgte Abgeordnete wird immer überversorgter. Damit erweist sich aber die These, je höher die Abgeordnetendiäten seien, desto besser sei dies für das Gemeinwohl, als eine typische These von Interessenten. Hier agieren Bundestagsabgeordnete in der Tat als Interessengruppe in eigener Sache. Demgegenüber ist an dem Grundsatz festzuhalten, daß Diäten begrenzt bleiben müssen, wenn das ganze Staatswesen nicht aus den Fugen geraten soll. Das Bundesverfassungsgericht hat diese Gefahr treffend formuliert:

»Gewönne der Bürger den Eindruck, die Parteien ›bedienten‹ sich aus der Staatskasse, so führte dies notwendig zu einer Verminderung ihres Ansehens und würde letztlich ihre Fähigkeit beeinträchtigen, die ihnen von der Verfassung zugewiesenen Aufgaben zu erfüllen.«[11]

Diesen Satz hat das Bundesverfassungsgericht zwar auf die Parteienfinanzierung bezogen. Es ist aber offensichtlich, daß er für die Diäten von Abgeordneten nicht weniger gilt.

Die Diäten der Landesparlamentarier

Ein (wenn auch nicht immer offen ausgesprochenes) Argument für die Erhöhung der Bezüge von Bundestagsabgeordneten liegt auch in der Entwicklung der Diäten von Mitgliedern der Landesparlamente.[12] Die Diäten der Landesparlamente haben in der jüngeren Vergangenheit ganz erheblich zugenommen. Dadurch hat sich der Vorsprung der Bundestagsdiäten verkleinert. Während die Diäten der meisten Landtage in den sechziger und siebziger Jahren noch 40 oder 50 Prozent der Diäten von Bundestagsabgeordneten betrugen, haben sie sich in jüngerer Zeit in einigen Ländern immer mehr den Bundestagsdiäten angenähert. Hessische Landtagsabgeordnete haben inzwischen mit 10 970 DM eine höhere Entschädigung als Bundestagsabgeordnete. Doch weist gerade die hessische Regelung einen schweren Geburtsfehler auf: Der hessische Landtag hatte sich 1989 zur Begründung eines riesigen Niveausprungs (auf damals 10 200 DM) an die Empfehlungen eines von ihm berufenen Beirats gehalten. Dieser hatte die Erhöhung mit dem Durchschnittseinkommen von Freiberuflern begründet, die seinerzeit im statistischen Durchschnitt genau 10 200 DM monatlich verdienten. Der Beirat hatte dabei aber übersehen, daß Freiberufler aus diesem Bruttoverdienst noch ihre gesamte Versorgung für Alter, Invalidität, Krankheit und Hinterbliebene selbst finanzieren müssen, während Abgeordnete diese Leistungen praktisch ohne eigene Beiträge aus der Staatskasse finanziert bekommen. Der Beirat hatte also Äpfel mit Birnen verglichen.[13] Das indiziert bereits, daß die Entschädigung im hessischen Landtag überhöht ist, ganz abgesehen von der Frage, ob die Tätigkeit in einem Landesparlament generell als hauptberuflich ausgestaltet werden sollte. Die Kissel-Kommission hatte jedenfalls Zweifel daran geäußert, »ob die Tätigkeit eines Landtagsabgeordneten generell als so umfassend anzusehen ist, daß sie als Ausübung eines ›Hauptberufs‹ gewertet werden muß.«[14] »Niemand«, so hat ein kompetenter Beobachter mit Blick auf die finanziellen Selbstbewilligungen der Landesparlamente bemerkt, »trägt auf Dauer unbefangen und unbemerkt vom Steuerzahler einen zu groß geschneiderten Anzug.«[15]

Wenn es darauf ankommt, wieder eine sinnvolle Relation zwischen den Diäten des Bundestags und bestimmter Landesparlamente herzustellen, darf dies also nicht nur durch entsprechende Anhebungen der Bundestagsdiäten erfolgen, sondern müßte in erster Linie durch Rückführung überzogener Regelungen in den Ländern geschehen. Andernfalls wäre ein ständiges Hochschaukeln zu befürchten. So wartet zum Beispiel der bayerische Landtag nur auf eine Erhöhung der Bundestagsdiäten, um dann seinerseits die Diäten seiner Mitglieder, die derzeit mit 8700 DM auch nicht gerade niedrig sind, massiv anzuheben. Im Frühjahr 1995 war noch ein Versuch, die Diäten bayerischer Landtagsabgeordneter um 27 Prozent anzuheben, am öffentlichen Protest gescheitert. Die vom Gesetzentwurf nun im Bund vorgesehene gewaltige Erhöhung würde in Bayern und voraussichtlich auch in vielen anderen Ländern die Dämme brechen lassen.

Internationaler Vergleich: Deutschland vorn

Zur Zurückhaltung mahnt vor allem der internationale Vergleich. Zwar ist es schwierig und in den bisher vorliegenden Untersuchungen jedenfalls noch nicht gelungen, *sämtliche* (offenen und verborgenen) Bestandteile der Bezüge von Abgeordneten in den Vergleich einzubeziehen. Doch hinsichtlich der ermittel- und vergleichbaren Bestandteile liegen deutsche Bundestagsabgeordnete im internationalen Vergleich schon vor der geplanten Niveauerhöhung in der Spitzengruppe: In allen vergleichbaren Ländern sind die ermittelten Vergleichswerte niedriger, zum Teil sehr viel niedriger. Das gilt einmal für die Entschädigung. Während Bundestagsabgeordnete eine monatliche Entschädigung von 10 366 DM erhalten, bekommen etwa ihre Kollegen in Großbritannien nur knapp 6500 DM, in Frankreich etwas über 8800 DM.[16] Auch in allen anderen in Betracht kommenden Ländern erhalten die Abgeordneten nach den Unterlagen der Kissel-Kommission weniger als Bundestagsabgeordnete in Deutschland. Diese Angaben werden durch eine jüngst von einem Kreis internationaler Wissenschaftler durchgeführte Untersuchung bestätigt.[17] Es gibt allerdings zwei Ausnahmen: Eine höhere Entschädigung als Bundestagsabgeordnete erhalten nur die Mitglieder des Repräsentantenhauses der USA und des italienischen Parlaments.[18] Die Mitglieder des amerikanischen Repräsentantenhauses sind mit deutschen Bundestagsabgeordneten jedoch nicht vergleichbar. In den USA repräsentieren weniger Abgeordnete (435 gegenüber 672 im Bundestag) mehr Wahlberechtigte (130 Millionen gegenüber 60 Millionen in Deutschland). Die nach einem Persönlichkeitswahlrecht gewählten Mitglieder des Repräsentantenhauses haben auch sonst eine völlig andere und gegenüber ihren Parteien sehr viel selbständigere Stellung als Bundestagsabgeordnete. Auch gegenüber der Regierung hat das Repräsentantenhaus ein anderes Gewicht als der Bundestag, was sich zum Beispiel darin zeigt, daß die Regierung dort keine Gesetze

einbringen kann, sondern die Gesetzesinitiative allein beim Parlament liegt. Darin liegen auch die Gründe für die hohe Kostenerstattung an amerikanische Abgeordnete, besonders für die Beschäftigung von Personal. Die Regelungen in Italien galten ohnehin allgemein als überzogen und waren mit ein Grund für den Zusammenbruch des dortigen politischen Systems.
Der Vorsprung deutscher Abgeordneter besteht auch bei der Kostenerstattung[19] und besonders bei der Altersversorgung. In einigen Ländern, wie Spanien und der Schweiz, gibt es überhaupt keine speziellen Altersversorgungssysteme für Abgeordnete, und in den meisten anderen Ländern werden die Abgeordneten durch eigene Beiträge zur Finanzierung ihrer Altersversorgung herangezogen,[20] während die Finanzierung in der Bundesrepublik allein aus Staatsmitteln erfolgt.
Wird die Entschädigung von Bundestagsabgeordneten – entsprechend dem vorliegenden Gesetzentwurf – um fast 60 Prozent erhöht, so vergrößert sich ihr Vorsprung gegenüber dem Ausland noch weiter. Der internationale Vergleich läßt eine solche Anhebung um so weniger gerechtfertigt erscheinen, als sich in der Bundesrepublik die Aufgaben der politischen Repräsentation auf die 672 Abgeordneten des Bundes- *und* die etwa 2200 Abgeordneten der Landtage verteilen, während die meisten ausländischen Staaten Zentralstaaten sind und es deshalb auch nur Zentralparlamente und keine mit unseren Landtagen vergleichbaren Volksvertretungen gibt.

Allgemeine wirtschaftliche Entwicklung: Soll nur der Bürger den Gürtel enger schnallen?

Zur Zurückhaltung mahnt auch die allgemeine wirtschaftliche Entwicklung, die immer noch von hoher Arbeitslosigkeit, einer sehr hohen Abgabenbelastung und hoher Staatsverschuldung gekennzeichnet ist. Zum 1. 1. 1995, also zu dem Zeitpunkt, auf den die erste Stufe der Erhöhung der Abgeordnetenentschädigung zurückwirken soll, wurden erhebliche Steuererhöhungen vorgenommen (Wiedererhebung des Solidaritätszuschlages zur Einkommen- und Körperschaftsteuer, Erhöhung der privaten Vermögensteuer und der Versicherungsteuer). Zwar nimmt die Steuerlast mit dem Steueränderungsgesetz zum 1. 1. 1996 vorübergehend etwas ab. Doch bleibt es bei der starken Steigerung der Sozialversicherungsbeiträge. Diese sind von 1990 bis 1995 von 35,6 Prozent auf 39,5 Prozent,[21] also um fast vier Prozentpunkte, das heißt um mehr als ein Zehntel, gestiegen und werden in den kommenden Jahren weiter steigen (siehe Tabelle 14 im Anhang, S. 167). Diese Zunahme der Belastung mit Sozialversicherungsbeiträgen, die das Gros der deutschen Arbeitnehmer und damit rund drei Viertel der deutschen Erwerbsbevölkerung trifft, ist für die Beurteilung einer Erhöhung der Abgeordnetendiäten deshalb von besonderem Gewicht, weil Abgeordnete von ihnen ganz überwiegend *nicht* betroffen werden; sie haben Anspruch auf eine rein staatsfinanzierte Altersrente und auf Beihilfe im Krankheitsfall.

Zu berücksichtigen ist für ein ganz Deutschland repräsentierendes Parlament auch, daß das Lohnniveau in den fünf östlichen Bundesländern nach wie vor erheblich niedriger ist als im Westen und voraussichtlich erst im Jahre 2005 95 Prozent des durchschnittlichen Lohnniveaus Westdeutschlands erreicht haben wird.[22]

Im übrigen wird es zu den zentralen politischen Aufgaben der kommenden Jahre und Jahrzehnte gehören, die Ausgaben für den öffentlichen Dienst und die Sozialleistungen zu begrenzen; besonders werden die Altersversorgung von Beamten und die Sozialversicherungsrenten eingeschränkt werden müssen. Angesichts der grundlegenden demographischen Änderungen im Altersaufbau der deutschen Bevölkerung ist die Entwicklung der Sozialrenten in Zukunft starken Einschränkungen unterworfen. Außerdem steht eine Pensionslawine an, weil die vielen Ende der sechziger und Anfang der siebziger Jahre neu eingestellten Staatsdiener jetzt allmählich alle in Ruhestand gehen. Die Beamten-(und Richter-)altersversorgung wird deshalb im bisherigen Umfang auf Dauer erst recht nicht mehr finanzierbar sein.[23] Wenn es der Bundestag gleichwohl unternimmt, just in dieser Situation nicht nur eine massive Anhebung der Entschädigung, sondern gleichzeitig auch eine (zwar sorgfältig verborgene, in Wahrheit aber) ebenfalls massive Anhebung der Altersrenten für amtierende und ehemalige Abgeordnete vorzunehmen, so erscheint dies kaum mehr nachvollziehbar, es sei denn, man sähe in Abgeordneten wirklich opportunistische, ihre Position im Eigeninteresse ausbeutende Einkommensmaximierer, wie dies die »ökonomische Theorie der Politik« unterstellt.[24] »Die Treppe wird von oben gekehrt«, so zitiert der rheinland-pfälzische Ministerpräsident Kurt Beck häufig seine Großmutter. In der Tat: Wer Einschränkungen durchsetzen will, muß oben, das heißt aus der Sicht »der Politik«: bei sich selbst anfangen. Das gilt besonders für die Parlamente. Sie laufen Gefahr zu scheitern, wenn sie die notwendigen Schnitte nicht als erste bei sich selbst vornehmen. Tatsächlich agiert der Bundestag in die umgekehrte Richtung. Wo aber soll ein Parlament, das sich selbst derart üppig bedient, noch die Autorität hernehmen, um die nötigen Einschränkungen etwa bei der Versorgung der öffentlichen Bediensteten und der Rentner insgesamt durchzusetzen – ohne daß es zu wachsender (und berechtigter) Unzufriedenheit kommt?

Ergebnisse

Sämtliche Argumente für eine massive Diätenerhöhung (Anschluß an die allgemeine Einkommensentwicklung, Sicherung der Unabhängigkeit, Attraktivität für Topverdiener) haben sich als nicht zutreffend erwiesen. Der internationale Vergleich und die allgemeine wirtschaftliche Lage mahnen vollends zur Zurückhaltung. Die Diäten von Bundestagsabgeordneten und erst recht ihre Altersrenten liegen schon jetzt, vor der geplanten Erhöhung, an der Spitze. Berücksichtigt man, daß Beamtenpensionen und Sozialversicherungsrenten in absehbarer Zeit empfindlich eingeschränkt werden müssen, weil sie – angesichts der drastischen Veränderungen in der Alterszusammensetzung der deutschen Bevölkerung und der Pensionslawine im öffentlichen Dienst – auf Dauer in der derzeitigen Struktur nicht zu halten sein werden, ist die Anhebung der Diäten und besonders der Altersrenten von Bundestagsabgeordneten genau das falsche politische Signal.

6 Entfesselung des Parlaments: Wie die politische Klasse versucht, sich jeder Kontrolle zu entledigen

Verfassungstheoretische Orientierung

Die finanziellen Bezüge von Abgeordneten, die nach ihrer ursprünglichen Form als Tagegeld auch »Diäten« heißen, stehen in einem charakteristischen Zwiespalt: Die Gewährung einer angemessenen Entschädigung ist geboten, um jedermann den Zutritt zum Parlament zu eröffnen und seine wirtschaftliche Abkömmlichkeit und Unabhängigkeit (soweit im Parteienstaat überhaupt denkbar) zu ermöglichen. Andererseits kann aus Wohltat im Übermaß leicht Plage werden. Die Begünstigten beschließen selbst über ihre finanzielle Ausstattung. Die Parlamente beherrschen die Gesetzgebung und die öffentlichen Haushalte. Sie bestimmen durch die Gesetzgebung, was als »Recht« für alle verbindlich gilt, und sie bestimmen mit Erlaß der Haushaltspläne darüber, wer wieviel Geld aus der Staatskasse bekommt, und mithin auch, was sie selbst bekommen.

Aus aller geschichtlichen Erfahrung, die auch unsere verfassungsrechtlichen Institutionen geprägt hat, wissen wir, daß jede Form staatlicher Gewalt der wirksamen Kontrolle bedarf; dies gilt erst recht, wenn sie in eigener Sache entscheidet. Angesichts der gerade bei der Beschlußfassung über Abgeordnetengesetze typischen Parteien-Kartelle und damit des Fehlens (oder doch der Schwächung) innerparlamentarischer Kontrolle durch die Opposition – selbst die Grünen sind nicht mehr das, was sie einmal waren[1] – ist der

Verfassungsstaat in gesteigertem Maße auf die Wirksamkeit anderer Kontrollen angewiesen: der Öffentlichkeit und der Verfassungsrechtsprechung.

Den gesteigerten Kontrollbedarf, aber auch die Macht der öffentlichen Kontrolle, haben der hessische und der Hamburger Diätenfall breiten Kreisen deutlich gemacht. Die im Februar 1988 vom hessischen Landtag beschlossene Novelle zum dortigen Abgeordnetengesetz, die zahlreiche verfassungswidrige oder politisch unvertretbare Regelungen enthielt, mußte nach massivem öffentlichem Protest, der durch eine Initiative des Bundes der Steuerzahler ausgelöst worden war, im Sommer 1988 wieder zurückgenommen werden.[2] In Hamburg sollten der Präsident des Parlaments und die Fraktionsvorsitzenden Gehälter von rund 20 000 DM im Monat und nach dreieinhalb Jahren Amtszeit eine Anwartschaft auf über 10 000 DM staatsfinanzierter monatlicher Altersrente erhalten. Maßgenommen hatten die Gesetzesmacher an der Altersversorgung von Senatoren, die in der Tat ähnlich üppig ausgestaltet und vier Jahre vorher (1987) im Schnellverfahren durchgeboxt worden war. Drahtzieher der Initiative waren im wesentlichen dieselben, die dann 1991 von der Pensionsregelung für Präsident und Fraktionsvorsitzende profitieren sollten, die nach dem Vorbild der Senatorenversorgung gestaltet war. Als diese Zusammenhänge im Herbst 1991 vom Bund der Steuerzahler aufgedeckt wurden, war nicht nur das Diätengesetz von 1991 zum Scheitern verurteilt, sondern es mußte auch das Gesetz über die Erhöhung der Senatorenpension von 1987 aufgehoben werden.[3]

Diese beiden vielleicht größten Parlamentsskandale in der Geschichte der Bundesrepublik hatten die Öffentlichkeit hellhörig gemacht und für die Problematik sensibilisiert.

Das Grundproblem der Entscheidung über Abgeordnetendiäten liegt darin, daß das Parlament hier in eigener Sache entscheidet. Derartige Entscheidungen sind an sich in unserer Rechtsordnung seit je verpönt – und das aus gutem Grund: Selbstbetroffenheit

macht befangen, und man weiß aus praktischer und geschichtlicher Erfahrung, daß die eigenen Interessen der Entscheidenden mangels Gegengewichts durchschlagen und es auf die Dauer leicht zu einseitigen, unangemessenen und mißbräuchlichen Resultaten kommt.
Auch die Kontrolle durch die parlamentarische Opposition wird in solchen Fällen regelmäßig außer Funktion gesetzt, denn die Mehrheitsfraktionen sind immer mehr dazu übergegangen, Selbstbewilligungen vorher mit der Opposition abzusprechen und diese dadurch einzubinden. So ermangelt – mit den Worten des Bundesverfassungsgerichts – »das Gesetzgebungsverfahren in diesem Bereich regelmäßig des korrigierenden Elements gegenläufiger politischer Interessen«.[4] Solche Quasi-Kartelle, die von den Betroffenen oft als Beleg für die »Einigkeit der Demokraten« verharmlost werden, schalten den politischen Wettbewerb aus und entmachten den Wähler: Welche Partei auch immer er wählt, alle sind in das Kartell eingebunden; wie schon erwähnt, entziehen sich auch die Grünen der Einbindung immer weniger.
Um die Dimension des Problems zu verdeutlichen, sei ein Blick auf kommunistische Monopolparteien geworfen. Wir pflegen die traditionelle Einparteienherrschaft kommunistischer Provenienz nachhaltig zu verdammen – und das mit vollem Recht: Der Bürger, der sich einer Monopolpartei gegenübersieht, kann sich auch gegen offensichtliche Fehlentwicklungen und Mißstände nicht mit dem Stimmzettel zur Wehr setzen. Auch in der Bundesrepublik sieht sich der Bürger aber hinsichtlich neuer Diätengesetze (und anderer Formen der Politikfinanzierung) regelmäßig einem Kollektivmonopol der etablierten Parteien gegenüber. Diese verhalten sich also dort, wo sie durch Blockbildungen in Sachen Politikfinanzierung die Konkurrenz ausschalten, partiell selbst wie Einheitsparteien östlichen Musters.
Die Ausschaltung der Oppositionskontrolle erschwert darüber hinaus auch die Öffentlichkeitskontrolle erheblich. Eine funktionierende Opposition ist in der parlamentarischen Demokratie normalerweise das treibende Moment der öffentlichen Kontrolle. Es ist

ihre Aufgabe, die Politik der Mehrheit kritisch zu begleiten und Schwächen öffentlich anzuprangern, um – negativ gesehen – Mißstände zu beseitigen und – positiv gesehen – die Regierung zu möglichst guter Politik zu veranlassen sowie insgesamt dem Wähler Alternativen vor Augen zu führen. Wird nun aber die Opposition ihrerseits gleichgeschaltet, entfällt das bewegend-aktive Element, das wie die Unruh einer Uhr die Öffentlichkeitskontrolle in Funktion hält. Das Dilemma liegt also darin, daß eine wirksame Öffentlichkeitskontrolle eine funktionierende Opposition voraussetzt, diese aber bei Entscheidungen in eigener Sache regelmäßig ausfällt. Daß eine Gruppe von Interessenten die ihnen gewährten staatlichen Leistungen unmittelbar selbst und unkontrolliert von anderen Staatsorganen festsetzt, ist in unserer Rechtsordnung absolut einmalig. Es handelt sich um ein Novum, eine – in verfassungsgeschichtlicher Perspektive – erst seit kurzem bekannte Herausforderung der rechtsstaatlichen Demokratie, auf die die verfassungsrechtliche Antwort noch in der Entwicklung begriffen ist.
Die Neuartigkeit der Frage zeigt ein Blick in die Verfassungsgeschichte. Als die Väter (und die wenigen Mütter) des Grundgesetzes 1948/49 in der Paulskirche in Frankfurt berieten, war ihnen das Problem noch weitgehend fremd. Der Parlamentarische Rat konnte deshalb noch gar nicht auf die Idee kommen, hier könnte sich ein Mißbrauchspotential auftun, das schließlich sogar eine Legitimationskrise des Parlamentarismus heraufbeschwören könnte, weil das Problem noch nicht, zumindest nicht in der heutigen Dimension existierte, hat doch die Abgeordnetenentschädigung im Laufe der letzten Jahrzehnte eine ganz neue verfassungspolitische Qualität erhalten. Die Verfasser des Grundgesetzes waren, genau wie die Kommentatoren der Weimarer Reichsverfassung in den zwanziger und dreißiger Jahren, noch davon ausgegangen, das Mandat sei ein Ehrenamt, das der Abgeordnete neben einem Erwerbsberuf ausübe, und die Abgeordnetendiäten seien eine *Aufwands*entschädigung, bestimmt zur Abgeltung des Aufwandes für die Wahrnehmung des

Mandats. So wurden das Mandat und der auch im Grundgesetz enthaltene Begriff »Entschädigung« bis in die siebziger Jahre in der Tat von der herrschenden Staatsrechtslehre verstanden. Doch hatten sich die Zahlungen allmählich immer mehr zu einem Einkommen zur Finanzierung des Unterhalts der Abgeordneten entwickelt, was spätestens dann deutlich wurde, als 1968 im Bund eine Altersversorgung für Abgeordnete eingeführt wurde. Das Bundesverfassungsgericht sprach in seinem Diätenurteil von 1975 sogar von einem *Anspruch* der Bundestagsabgeordneten auf »Vollalimentation«[5] (ein Ausspruch, den das Gericht allerdings inzwischen widerrufen hat[6]). Mit diesem Wandel der Entschädigung vom Aufwandsersatz zur Alimentation erhielt aber die Bestimmung des Grundgesetzes, die Verhältnisse der Bundestagsabgeordneten seien durch »ein Bundesgesetz« zu regeln (Art. 48 Abs. 3), einen neuen Gegenstand und eine völlig neue Dimension. Da »Gesetz« im Bund – mangels plebiszitärer Elemente – nur ein von den Abgeordneten selbst zu erlassendes Parlamentsgesetz sein konnte, wuchs damit »den Abgeordneten über den Gesetzesvorbehalt eine Selbstentscheidung von so großem politischen und finanziellen Gewicht zu, daß die Gefahr einer mißbräuchlichen Selbstbedienung in die Nähe rückte.«[7]
Das Problem unkontrollierter Entscheidungen der Abgeordneten in eigener Sache war dem Parlamentarischen Rat aber auch deshalb nicht in den Sinn gekommen, weil es früher stets gewisse *Gegengewichte* gegen einen Mißbrauch des Selbstentscheidungsrechts im Gesetzgebungsverfahren gegeben hatte. Die Zuständigkeit des früheren Reichsgesetzgebers für die Regelung der Abgeordnetenentschädigung war im Jahre 1906 in die Reichsverfassung geschrieben worden. Reichsgesetze konnten aber nur mit Zustimmung des Bundesrates erlassen werden, in dem die Regierungen der monarchischen deutschen Staaten saßen.[8] In diesem Zustimmungserfordernis lag ein wirksames Gegengewicht, das sogar zu umgekehrten Problemen geführt hatte: Am Veto des Bundesrates waren lange alle Initiativen, überhaupt eine Abgeordnetenentschädigung einzu-

führen, gescheitert.[9] Auch in die Weimarer Reichsverfassung von 1919 war insofern eine Kontrolle eingebaut, als der volksgewählte Reichspräsident die Befugnis besaß, Diätengesetze wie alle Reichsgesetze zum Volksentscheid zu bringen,[10] eine Möglichkeit, die präventive Wirkung besaß.

In der Bundesrepublik fehlt es, sieht man einmal vom Bundesverfassungsgericht ab, an entsprechenden Gegengewichten. Andere Verfassungsorgane wie die Bundesregierung, der Bundesrat und der Bundespräsident pflegen sich in Sachen Diäten nicht einzumischen.

Entscheidungen des Parlaments in eigener Sache führen damit zu einer ganz neuen und – aus bürgerlich-liberaler Sicht – ungewohnten Perspektive. Nach überkommenem Verständnis ist das Parlament selbst der Kontrolleur, insbesondere der Kontrolleur der Regierung und ihrer weisungsgebundenen Verwaltung. Bei Entscheidungen in eigener Sache bedarf das Parlament nun selbst der Kontrolle. Die der Staatsrechtslehre und Demokratietheorie zugrunde liegende Prämisse, der parlamentarische Gesetzgeber treffe von sich aus tendenziell ausgewogene und richtige Entscheidungen, trifft in Sachen Abgeordnetenentschädigung nicht mehr zu. Entscheidet das Parlament in eigener Sache, ist die klassische Richtigkeitsvermutung außer Kraft gesetzt. Sieht man die Dinge, wie sie sind, realistisch und frei von allem Wunschdenken und parlamentsfrommem Opportunismus, so muß man bei Entscheidungen des Parlaments in eigener Sache eher umgekehrt von einer Unrichtigkeitsvermutung ausgehen. Dies bestätigt sich vor allem dort, wo die Entscheidungen mangels öffentlichkeitswirksamer Gesetzgebung in parlamentarische »Dunkelkammern« versteckt wurden, wie bei der staatlichen Parteienfinanzierung vor ihrer 1966 verfassungsgerichtlich erzwungenen gesetzlichen Festlegung im Parteiengesetz,[11] der nach wie vor nicht gesetzlich geregelten Finanzierung der Parteistiftungen und der Fraktionsfinanzierung, ebenso der Bezahlung von Mitarbeitern für Bundestagsabgeordnete. Alle diese Zweige entwickelten sich – mangels gesetzgeberischer Verfahren und damit mangels Ansatzpunkten für die öffentliche Kontrolle – mit geradezu schlaraffenländischen Wachstumsraten.[12]

Entscheidungen des Parlaments über die Bezahlung seiner eigenen Mitglieder sind zwar in einer rein repräsentativen parlamentarischen Demokratie nicht zu vermeiden. Es bedarf aber der Entscheidung im Wege der Gesetzgebung. Das Grundgesetz legt denn auch in Art. 48 Abs. 3 Satz 3 GG für Bundestagsabgeordnete die Regelung der Entschädigung durch Gesetz ausdrücklich fest, und mit Gesetz ist jedenfalls im Bund von vornherein »Parlamentsgesetz« gemeint. Das gesetzgeberische Verfahren entspricht bis zu einem gewissen Grad durchaus dem besonderen Kontrollbedarf, der aus der Entscheidung des Parlaments in eigener Sache erwächst. Allerdings geht es hier nicht darum, *daß* das Parlament entscheidet, sondern *wie* es entscheidet, nämlich für die Öffentlichkeit verständlich und nachvollziehbar, so daß die öffentliche Kontrolle ihre Funktion wahrnehmen kann. Sie ist bei Entscheidungen des Parlaments in eigener Sache – neben der Kontrolle durch das Bundesverfassungsgericht – in der Tat »die einzige wirksame Kontrolle«.[13] Doch muß sie, da sie es mit Regierungsmehrheit *und* Opposition gemeinsam aufzunehmen hat, regelmäßig besonders massiv ausfallen, um überhaupt etwas bewirken zu können. In Hessen (1988) und Hamburg (1991) erzwang denn auch erst das Zusammengehen von Medien, Sachverstand und Bund der Steuerzahler eine Umkehr des Parlaments.

Nach dieser verfassungstheoretischen Orientierung ergeben sich vier Fragenkomplexe:

- Welche einschlägigen Grundsätze hat das Bundesverfassungsgericht für die Verfahrensweise, in der über Abgeordnetendiäten zu entscheiden ist, entwickelt? (Siehe S. 116 ff.)
- Wie sind die geplanten neuen Entscheidungsverfahren, die der Gesetzentwurf einführen soll, zu beurteilen, wenn man von den Grundsätzen des Bundesverfassungsgerichts ausgeht? (Siehe S. 119 ff.)

- Ändert sich die verfassungsrechtliche Beurteilung aufgrund der vorgesehenen Verfassungsvorschriften des neuen Art. 48 Abs. 3 GG? (Siehe S. 131 ff.)
- Gibt es bessere verfassungspolitische Alternativen? (Siehe S. 142 f.)

Die einschlägige Rechtsprechung des Bundesverfassungsgerichts

Das Bundesverfassungsgericht hat die Bedeutung von Gesetz und Öffentlichkeit in seinem Diätenurteil vom 5. 11. 1975 an zwei Stellen zum Ausdruck gebracht, denen offenbar eine einheitliche Konzeption zugrunde liegt.
Die eine Stelle betraf eine Regelung, welche die Höhe der Entschädigung über einen komplizierten Schlüssel an die Beamtenbesoldung gekoppelt und dazu geführt hatte, daß Anhebungen der Beamtenbesoldung automatisch und ohne viel Aufhebens eine Erhöhung auch der Entschädigung nach sich zogen. Das Gericht hat diese Koppelung für verfassungswidrig erklärt, weil die Entschädigung »nichts mit den Regelungen des Gehalts in den Besoldungsgesetzen zu tun« habe. Die Entschädigung vertrage »deshalb auch keine Annäherung an den herkömmlichen Aufbau eines Beamtengehaltes und keine Abhängigkeit von der Gehaltsregelung, etwa in der Weise, daß sie unmittelbar oder mittelbar in Vom-Hundert-Sätzen eines Beamtengehalts ausgedrückt« werde. Denn dies sei »kein bloß ›formal-technisches Mittel‹ zur Bemessung der Höhe der Entschädigung, sondern der Intention nach dazu bestimmt, das Parlament der Notwendigkeit zu entheben, jede Veränderung in der Höhe der Entschädigung im Plenum zu diskutieren und vor den Augen der Öffentlichkeit darüber als einer selbständigen politischen Frage zu entscheiden«. Werte »man also die ›technische‹ Koppelung der Entschädigung an eine besoldungs-

rechtliche Regelung materialiter, so« führe »sie zur Abhängigkeit jeder Erhöhung der Entschädigung von einer entsprechenden Erhöhung der Besoldung. Genau dies aber« widerstreite »der verfassungsrechtlich gebotenen *selbständigen* (und nicht in die ganz andere Entscheidung über die angemessene Besoldung der Beamten eingeschlossenen) Entscheidung des Parlaments über die Bestimmung dessen, was nach seiner Überzeugung ›eine angemessene, die Unabhängigkeit sichernde Entschädigung‹« sei.[14]
Die andere Stelle im Diätenurteil bezog sich auf eine Regelung im saarländischen Abgeordnetengesetz, die das Parlamentspräsidium ermächtigte, bestimmte Teile der Diäten betragsmäßig festzulegen. Das Gericht hat diese Delegation der Entscheidungsbefugnis vom Parlament auf das Präsidium bemängelt, weil dadurch »für den Abgeordneten wesentliche Teile seiner finanziellen Ausstattung in einem Verfahren festgesetzt (würden), das sich der Kontrolle der Öffentlichkeit« entziehe. Dann folgen die berühmten Sätze:

> »In einer parlamentarischen Demokratie läßt es sich nicht vermeiden, daß das Parlament in eigener Sache entscheidet, wenn es um die Festsetzung der Höhe und um die nähere Ausgestaltung der mit dem Abgeordnetenstatus verbundenen finanziellen Regelungen geht. Gerade in einem solchen Fall verlangt aber das demokratische und rechtsstaatliche Prinzip (Art. 20 GG), daß der gesamte Willensbildungsprozeß für den Bürger durchschaubar ist und das Ergebnis vor den Augen der Öffentlichkeit beschlossen wird. Denn dies ist die einzige wirksame Kontrolle. Die parlamentarische Demokratie basiert auf dem Vertrauen des Volkes; Vertrauen ohne Transparenz, die erlaubt zu verfolgen, was politisch geschieht, ist nicht möglich.«[15]

Diese Grundsätze werden offenbar von der Intention getragen, dem Parlament und seinen Mitgliedern solle bei Entscheidungen in eigener Sache die Flucht aus der für sie vielleicht unbequemen öffentlichen Diskussion über Art und Umfang der Entschädigung versperrt werden; denn die öffentliche Kontrolle stellt hier – neben der Verfassungsrechtsprechung selbst – in der Tat die einzige noch halbwegs wirksame Kontrolle dar. Worauf es deshalb ankommt, ist die Herstellung realer Öffentlichkeit, die die Entscheidung für die Öffentlichkeit merklich macht und möglichen Gegendruck und einen gewissen Zwang zur Begründung, insbesondere bei Ausweitung der Zahlungen, entstehen läßt. Eben dies soll durch das verfassungsrechtliche Gebot, im ordentlichen Gesetzgebungsverfahren zu entscheiden, (und durch das Verbot, die Entschädigung an die Beamtenbesoldung zu koppeln)[16] erreicht werden. Es handelt sich um einen besonderen Fall des Gesetzesvorbehalts.[17] Dies wird durch die Rechtsprechung des Bundesverfassungsgerichts zum Parlamentsvorbehalt bestätigt, wonach wesentliche Entscheidungen durch Parlamentsgesetz erfolgen müssen, wobei die besondere Qualität der parlamentarischen Gesetzgebung, die sie von Beschlüssen der Regierung unterscheidet, nicht so sehr die formal-demokratische Legitimation ist. Davon besitzt die Regierung, die der Bürger bei seiner Wahlentscheidung primär im Auge hat, (mindestens) ebensoviel wie das Parlament. Es geht vielmehr um das *Wie* der Entscheidung: das öffentlichkeitswirksame Gesetzgebungsverfahren, das bei Entscheidungen des Parlaments in eigener Sache eben unverzichtbar ist. Dabei folgt das Kriterium für die Frage, welche Entscheidungen »wesentlich« (im Sinne der Wesentlichkeitsrechtsprechung) sind, bei Entscheidungen des Parlaments in eigener Sache nicht aus der inhaltlichen Bedeutung des jeweiligen Gegenstandes, sondern daraus, inwieweit ein Bedürfnis für eine Entscheidung im Wege des öffentlichkeitsorientierten Gesetzgebungsprozesses besteht. Ein solches Bedürfnis ist bei Diätenregelungen aber stets gegeben, weil hier die Entscheidungsträger befangen sind, die Kontrolle der Regierungsmehrheit durch die Opposition nicht funktioniert und deshalb allein die Öffentlichkeitskontrolle übrigbleibt.[18]

Überprüfung des Gesetzentwurfs anhand der Rechtsprechung des Bundesverfassungsgerichts

Der Gesetzentwurf der Bundestagsfraktionen der CDU/CSU und SPD vom 28. 6. 1995[19] sieht zwei geänderte Verfahrensweisen vor; die *eine* für die Bestimmung der Entschädigung (§ 11 des Gesetzentwurfs) und in modifizierter Form für die Bestimmung der Altersentschädigung, der Hinterbliebenenversorgung (§§ 18 ff., 38a) und des Übergangsgeldes, die *andere* für die Anpassung der Kostenpauschale (§ 12 Gesetzentwurf). Die Vorschriften werfen schwierige Auslegungsfragen auf; sie auch nur zu *verstehen*, ist außerordentlich aufwendig. Dies wurde in Kapitel 3 dargestellt. Im folgenden wird auf die dort im einzelnen durchgeführte Dechiffrierung der Vorschriften Bezug genommen.

Die Erhöhungsautomatismen des § 11 (Entschädigung) und des § 35a (Altersrente) des Gesetzentwurfs

§ 11 des Gesetzentwurfs installiert einen gestuften, bis ins Jahr 2000 reichenden Erhöhungsmechanismus, der die Entschädigung von Bundestagsabgeordneten von derzeit 10 366 DM in sechs Jahresstufen auf die Höhe von Bezügen von Richtern der Besoldungsgruppe R6 hochschleusen und sie danach auf diesem Niveau halten soll. Dieser Automatismus beinhaltet zwei Komponenten:

- Eine Ankoppelung der Abgeordnetenentschädigung an die Steigerungsraten, mit der Richterbezüge der Besoldungsgruppe R6 wachsen, und
- eine Niveauverschiebung der Entschädigung nach oben. Diese erfolgt dadurch, daß die Entschädigung von Jahr zu Jahr einen immer größeren Prozentsatz der R6-Bezüge ausmachen soll: von 80 Prozent im Jahre 1995 auf 100 Prozent im Jahre 2000.

Beide Effekte zusammen führen in den Jahren 1995 bis 2000 voraussichtlich zu einer Erhöhung der Entschädigung um fast 60 Prozent.
Auch für die Altersrente (»Altersentschädigung«) einschließlich der Invaliditäts- und Hinterbliebenenversorgung sieht § 35a des Gesetzentwurfs für ehemalige Abgeordnete einen ähnlichen doppelten Automatismus vor. Danach wird auch die Altersrente

- mit bestimmten Bruchteilen an die Bezüge von Bundesrichtern angekoppelt
- und zugleich in sechs Jahresschritten stark erhöht.

Beide Effekte zusammen führen in den Jahren 1995 bis 2000 voraussichtlich zu einer Erhöhung der Altersrenten *ehemaliger* Abgeordneter um 40 Prozent: Ihre Altersrenten berechnen sich nach denselben Prozentsätzen wie bisher, die Bezugsgröße wird aber durch den nur schwer zu dechiffrierenden § 35a Abs. 2 des Gesetzentwurfs beträchtlich erhöht: von 10 366 DM auf voraussichtlich etwa 14 500 DM im Jahre 2000. Daraus ergibt sich die 40prozentige Erhöhung der Renten.
Auch *amtierende* Abgeordnete können dafür optieren, daß diese Regelung auf sie Anwendung findet, kommen mit ihren Rentenanwartschaften also ebenfalls in den Genuß der sprunghaften Erhöhung.
Für *künftige* Abgeordnete, die erst *nach* Inkrafttreten des Änderungsgesetzes erstmals in den Bundestag gewählt werden, wird die Altersrente *umgestaltet*: Einerseits werden die Prozentsätze gesenkt. Nach acht Jahren Mitgliedschaft im Bundestag erwirbt der Abgeordnete eine Anwartschaft von 24 Prozent der Entschädigung (statt wie bisher 35 Prozent), für jedes weitere Jahr drei (statt vier) Prozent; die Höchstrente in Höhe von 69 (statt 75) Prozent der Entschädigung wird nach 23 (statt 18) Jahren Mitgliedschaft im Bundestag erreicht. Andererseits erhöht sich die Entschädigung als

Bezugsgröße entsprechend der in § 11 des Gesetzentwurfs vorgesehenen Steigerung, wächst also von derzeit 10 366 DM auf voraussichtlich etwa 16 500 DM im Jahre 2000.

Das Verständnis der Versorgungsregelungen des Gesetzentwurfs ist allerdings dadurch zusätzlich erschwert, daß die genannten zwei Systeme nicht nur für die Altersrente (einschließlich Hinterbliebenen- und Invaliditätsversorgung), sondern auch für das Übergangsgeld jeweils getrennt voneinander eingeführt werden und die amtierenden Abgeordneten nicht nur die Wahl zwischen beiden Systemen haben, sondern dieses Wahlrecht für Übergangsgeld und Versorgung auch noch splitten können, so daß sie insgesamt vier Optionen besitzen. All dies wurde in Kapitel 3 im einzelnen dargestellt und braucht hier nur kurz in Erinnerung gerufen zu werden. Auch hinsichtlich des Übergangsgeldes sei auf die dortige Darstellung verwiesen.

Beurteilt man diese Regelungen anhand der vom Bundesverfassungsgericht entwickelten Grundsätze, so kommt man nicht daran vorbei, daß das Gericht bereits die bloße Anknüpfung der Abgeordnetenentschädigung »unmittelbar oder mittelbar« an ein Beamtengehalt ausdrücklich für verfassungswidrig erklärt hat, weil die Abgeordnetenentschädigung »nichts mit der Regelung des Gehalts in den Besoldungsgesetzen zu tun« habe und deshalb »keine Annäherung an den herkömmlichen Aufbau eines Beamtengehalts und keine Abhängigkeit von der Gehaltsregelung« vertrage. Wenn der Gesetzentwurf die Abgeordnetenentschädigung an ein *Richter*gehalt knüpft, ändert dies in der Sache nichts, weil die R6-Besoldung eines Bundesrichters genau derjenigen eines hohen Bundes*beamten* (Besoldungsgruppe B6) entspricht.

In der Tat sind Richter bzw. Beamte in ihrer Aufgabenstellung, ihrem Verständnis und ihrer rechtlichen Ausgestaltung von einer so völlig anderen Typik als Abgeordnete – und dementsprechend sind ihre finanziellen Bezüge auch so völlig anders ausgestaltet –, daß die Anknüpfung der Entschädigung an Beamten- bzw. Richterbezüge an Willkür grenzt und, wie das Gericht im Diätenurteil formuliert hat, nur deshalb vorgenommen wird, um »das Parlament der Notwendigkeit zu entheben, jede Veränderung in der Höhe der Entschädigung im Plenum zu diskutieren und vor den Augen der Öffentlichkeit darüber als einer selbständigen politischen Frage zu entscheiden«.

Die grundlegende Unterscheidung der beiden Typen hat das Bundesverfassungsgericht in einer späteren Entscheidung von 1987 erneut und nachdrücklich unterstrichen:

> »Zwischen Abgeordneten und Beamten bestehen grundlegende statusrechtliche Unterschiede. Der Abgeordnete ist – vom Vertrauen der Wähler berufen – Inhaber eines öffentlichen Amtes, Träger des ›freien Mandats‹ und ›Vertreter des ganzen Volkes‹. Er hat einen repräsentativen Status und übt sein Mandat in Unabhängigkeit aus (Art. 38 Abs. 1 Satz GG). An diesem nicht nur die Rechts-, sondern auch die Pflichtenstellung des Abgeordneten bestimmenden normativen Sachverhalt hat die Mitwirkung der Parteien an der politischen Willensbildung des Volkes (Art. 21 GG) nichts geändert. Während das Beamtenverhältnis für den Beamten die Pflicht begründet, seine volle Arbeitskraft, grundsätzlich auf Lebenszeit, dem Dienstherrn zur Verfügung zu stellen, ›schuldet‹ der Abgeordnete rechtlich keine Dienste. Der Beamte kann – aufgrund verfassungsrechtlicher Gewährleistung – regelmäßig vom Zeitpunkt seines Eintritts in das Beamtenverhältnis an mit einer dauernden Vollalimentation – auch für den Versorgungsfall – rechnen. Für den Abgeordneten kennt das Verfassungsrecht keine Garantien dieser Art. Das ›Berufsbild‹ des Abgeordneten unterscheidet sich von dem des Beamten in grundlegender Weise. Der Abgeordnete wird für die Dauer einer Wahlperiode gewählt. Mandatszeit und Mandatsausübung stellen für ihn in der Regel einen atypischen Abschnitt außerhalb seiner bisherigen und künfti-

gen beruflichen Laufbahn dar. Meistens bildet die Mandatszeit eine vorübergehende, mindestens teilweise Unterbrechung seines Berufslebens. Die mittlere Zugehörigkeit der Abgeordneten zum Deutschen Bundestag betrug am Ende der 8. Wahlperiode knapp zehn Jahre (vgl. Schindler, Datenhandbuch zur Geschichte des Deutschen Bundestages, Fortschreibungs- und Ergänzungsband 1980 bis 1984, 1986, S. 199). Nicht selten geht der Abgeordnete seinem Beruf auch neben dem Mandat – wenngleich unvermeidlich in nur mehr eingeschränktem Umfang – nach, soweit dem nicht Inkompatibilitäten im Wege stehen. Die Tatsache, daß im Zuge der Entwicklung, die die moderne parlamentarische Demokratie genommen hat, der Umfang der zeitlichen Inanspruchnahme vieler Abgeordneter durch die Pflichten des Mandats das in früheren Jahrzehnten übliche Maß weit überschritten hat und heute meist die Regelarbeitszeit im öffentlichen Dienst erheblich übersteigt, unterstreicht nur die Verschiedenheiten der rechtlichen Status von Abgeordneten und Beamten.«[20]

Für die finanzielle Ausgestaltung sind insbesondere folgende Unterscheidungen relevant:

- Richter an einem obersten Bundesgericht benötigen eine hochkarätige Ausbildung und umfassende Erfahrungen und erlangen ihr Amt regelmäßig erst in vorgerücktem Lebensalter, während man Abgeordneter auch schon in jungen Jahren werden kann: Der jüngste Bundestagsabgeordnete ist Student und 24 Jahre alt.
- Abgeordnete sind dazu berechtigt, neben ihrem Mandat noch einen Erwerbsberuf auszuüben und die daraus fließenden Einnahmen ungekürzt zu behalten, und ein erheblicher Teil auch von Bundestagsabgeordneten nützt dieses Recht auch tatsächlich aus. Bundesrichter dürfen dagegen nebenher keinen Beruf ausüben.

- Bundesrichter benötigen für den Erwerb ihrer vollen Altersversorgung, die mit dem 65. Lebensjahr zu laufen beginnt, 40 ruhegehaltsfähige Dienstjahre. Abgeordnete erringen die Vollversorgung bereits nach der Hälfte der Jahre, und diese beginnt bereits mit dem 55. Lebensjahr zu laufen.
- Abgeordnete erhalten neben ihren steuerpflichtigen Bezügen eine hohe steuerfreie Kostenpauschale von 72 000 DM jährlich und dürfen in unbegrenztem Umfang »Spenden« von interessierten Kreisen annehmen, was beides für Richter natürlich nicht gilt.

Nach allem ist es offensichtlich, daß die Ankoppelung der Abgeordnetenentschädigung von Bundestagsabgeordneten an die Bezüge von Richtern oberster Bundesgerichte gemäß § 11 des Gesetzentwurfs gegen die Grundsätze des Bundesverfassungsgerichts verstößt. Der Verstoß des Gesetzentwurfs gegen Wortlaut und Sinn der Grundsätze ist so offensichtlich, daß das Aussparen dieses zentralen Punktes sowohl im Bericht der Rechtsstellungskommission als auch in der Begründung der Gesetzentwürfe äußerst befremdlich ist.
Der Verstoß betrifft beide Teile der Koppelung: die Niveauerhöhung und die Koppelung an die laufende Erhöhung der Richterbesoldung. Er erfaßt mit der Entschädigung auch alle daran anknüpfenden Zahlungen, etwa die Bezüge von Mitgliedern des Präsidiums (§ 11 Abs. 3 des Gesetzentwurfs) oder die Altersrenten künftiger Abgeordneter.
Einen entsprechenden doppelten Verstoß gegen die verfassungsgerichtlichen Grundsätze enthält auch § 35a des Entwurfs, der die Renten von ehemaligen Abgeordneten und von derzeit amtierenden Abgeordneten hochschleust und zugleich an laufende Erhöhungen ankoppelt.
Der Gesetzentwurf soll just den Kern, die Essenz dessen ausschalten, was das Bundesverfassungsgericht im Diätenurteil an verfah-

rensmäßigen Vorkehrungen für Diätenentscheidungen zur Sicherung von Transparenz und Kontrolle verlangt hat. Irgendwelche konkreten Zahlen nennt der Gesetzentwurf nicht. Zahlen wurden zwar im Bericht der Rechtsstellungskommission genannt. Doch stiftet dies nur zusätzlich Verwirrung, weil der Gesetzentwurf der Fraktionen der CDU/CSU und SPD zwar selbst wiederholt auf diese Zahlen Bezug nimmt, diese Zahlen aufgrund der Änderungen des Gesetzentwurfs aber nicht mehr relevant sind, was sich besonders bei der Altersrente auswirkt. Entsprechend schwer ist es, auch nur zu erfassen, zu welcher Höhe der Entschädigung der Steigerungsmechanismus des § 11 Abs. 1 des Gesetzentwurfs voraussichtlich im Jahre 2000 führt. Noch schwieriger sind die Auswirkungen des § 35a des Gesetzentwurfs auf die Altersrente von ehemaligen und amtierenden Bundestagsabgeordneten zu ermitteln. Gerade in diesem wirtschaftlich besonders gewichtigen Punkt hat die Intransparenz der Vorschriften in Verbindung mit der irreführenden Öffentlichkeitsarbeit der Parlamentsspitze dazu geführt, daß darüber in der Öffentlichkeit teils keine, teils offensichtlich unrichtige Vorstellungen bestehen. Was auf diese Weise »abgedunkelt« werden soll, ist die massive Erhöhung der Entschädigung und insbesondere die wirtschaftlich besonders wichtige Erhöhung der Altersrente, die zunächst durch sprunghafte Anhebungen in sechs Jahresschritten, danach durch laufende weitere Erhöhungen entsprechend der Zunahme der Besoldung im öffentlichen Dienst erfolgen sollen.

§ 12 des Gesetzentwurfs (Kostenpauschale): Verlagerung der Entscheidung in nicht*öffentliche Gremien*

Hinsichtlich der Kostenpauschale sieht § 12 Satz 2 des Gesetzentwurfs vor, daß sie »zum 1. Januar eines jeden Jahres der Entwicklung der allgemeinen Lebenshaltungskosten und spezifischer Preis-

indizes angepaßt« wird. Weiter heißt es in den Sätzen 3 und 4: »Das Nähere über die Höhe der am tatsächlichen Aufwand orientierten pauschalierten Einzelansätze und die Anpassung regeln das Haushaltsgesetz und Ausführungsbestimmungen, die vom Ältestenrat zu erlassen sind. Bis zur erstmaligen Anpassung zum 1. Januar 1996 beträgt die Kostenpauschale 5978 Deutsche Mark.«
Diese Bestimmungen enthalten zweierlei: generelle Maßstäbe für die laufende Anpassung und eine Bestimmung über das Entscheidungsverfahren. Beides bedarf noch der Konkretisierung, die durch »das Haushaltsgesetz« und Ausführungsbestimmungen des Ältestenrats erfolgen sollen. Mit »Haushaltsgesetz« ist allerdings nicht wirklich das Haushaltsgesetz gemeint, mit dem der Haushaltsplan nach Art. 110 Abs. 2 Satz 1 GG festgestellt wird, sondern der Haushalts*plan.* Das folgt aus der Praxis: Auch bei Anwendung des § 12 Abs. 3 AbgG, wonach »Aufwendungen für die Beschäftigung von Mitarbeitern ... nach Maßgabe des Haushaltsgesetzes und von Ausführungsbestimmungen, die vom Ältestenrat zu erlassen sind, ersetzt« werden, versteht die Praxis unter »Haushaltsgesetz« in Wahrheit den Haushalts*plan.*[21]
Gesetzlich festgelegt ist die Kostenpauschale nach § 12 Satz 4 des Gesetzentwurfs nur bis zur erstmaligen Anpassung zum 1. Januar 1996; bis dahin soll sie 5978 DM betragen. Was danach geschieht, bleibt offen. Insbesondere sagt der Gesetzentwurf nichts über den *Bezugszeitpunkt* für die Anpassung an die Preissteigerung. Damit schließt das Gesetz auch rückwirkende Anpassungen an frühere Preissteigerungen nicht aus, so daß hier – angesichts des behaupteten angeblich hohen Nachholbedarfs – ein gewaltiges Erhöhungspotential vorliegt (Näheres siehe S. 40 ff.). Die Frage, ob dieses Potential auch ausgeschöpft wird, hängt davon ab, wer wie entscheidet, also vor allem von den Entscheidungsorganen und vom Entscheidungsverfahren.
Da der Gesetzentwurf die Entscheidungen aus dem Gesetz in den Haushaltsplan und in Richtlinien des Ältestenrates verlagert, tref-

fen der Ältestenrat und der Haushaltsausschuß des Bundestags letztlich die Entscheidungen, wie bereits dargestellt wurde (siehe S. 40 ff.). Hier interessiert die Frage der Vereinbarkeit mit den vom Bundesverfassungsgericht entwickelten Grundsätzen. Das Gericht hat im Diätenurteil eine Regelung des saarländischen Abgeordnetengesetzes für verfassungswidrig erklärt, die das Parlamentspräsidium ermächtigt hatte, bestimmte Teile der Diäten betragsmäßig festzusetzen. Das Gericht begründete dies damit, daß auf diese Weise wesentliche Teile der finanziellen Ausstattung des Abgeordneten »in einem Verfahren festgesetzt (würden), das sich der Kontrolle der Öffentlichkeit« entziehe. Und genau dies ist auch im vorliegenden Fall gegeben. Der Ältestenrat und der Haushaltsausschuß verhandeln ebensowenig öffentlich wie das Parlamentspräsidium, so daß auch das vom Gesetzentwurf vorgesehene Verfahren wesentliche Teile der Diätenfestsetzung der öffentlichen Kontrolle entzöge. Die Überantwortung der Entscheidung an den Haushaltsausschuß bzw. den Ältestenrat widerspricht offensichtlich dem bei Entscheidungen des Parlaments über den finanziellen Status der Abgeordneten geltenden umfassenden Gesetzesvorbehalt.

Eine Indexierung als solche braucht zwar noch nicht unbedingt unzulässig zu sein, zumal dabei offenbleibt, ob die Anpassung automatisch erfolgen soll oder jeweils durch eigene Entscheidung des zuständigen Entscheidungsträgers. Das Bundesverfassungsgericht hat jedenfalls hinsichtlich der staatlichen Parteienfinanzierung »dem Gesetzgeber« erlaubt, »für die mit Rücksicht auf Veränderungen des Geldwertes etwa notwendigen Anpassungen ... (der) absoluten Obergrenze staatlicher Zuwendungen an die Parteien einen Index festzulegen, der sich auf die Entwicklung der für die Erfüllung der Aufgaben der parteienrelevanten Preise bezieht.«[22] Neben dem Basiszeitpunkt, der für die Ermittlung des Ausgangsbetrages entscheidend ist, müssen aber jedenfalls der Index bzw. die Indizes *vom Gesetzgeber* festgelegt werden. Davon geht auch das zitierte Par-

teienfinanzierungsurteil eindeutig aus (»dem Gesetzgeber«). Daran fehlt es im vorliegenden Gesetzentwurf.
Der Gesetzentwurf ermöglicht also auch bei der Bestimmung der Kostenpauschale ein Ausweichen des in eigener Sache entscheidenden Parlaments in die Abgeschottetheit nicht öffentlich verhandelnder parlamentsinterner Gremien und damit ein Unterlaufen der öffentlichen Kontrolle.

Rechts- und verfassungspolitische Würdigung

Der Gesetzentwurf weicht diametral von dem ab, worüber bisher allseitige Einigkeit bestand – und er tut dies ohne jedes Eingehen auf die entgegenstehende Verfassungsrechtsprechung und die diese Rechtsprechung tragenden Gründe.
Da Öffentlichkeit – neben der Rechtsprechung des Bundesverfassungsgerichts – die einzige wirksame Kontrolle darstellt, das Verfassungsgericht aber nicht die *Höhe* der Beträge kontrollieren kann und sich deshalb auf die Sicherung eines öffentliche Kontrolle ermöglichenden *Verfahrens* beschränken muß, bleiben Entscheidungen des Parlaments in eigener Sache, wenn diese verfahrensmäßigen Vorkehrungen mißachtet werden, völlig unkontrolliert. Es entsteht ein Mißverhältnis von gesteigertem Kontrollbedürfnis einerseits und dem Fehlen tatsächlicher Kontrolle andererseits. Wie sich derartiges auswirken kann, zeigen einige Beispiele aus der Geschichte der Politikfinanzierung, in denen das in eigener Sache entscheidende Parlament sich ebenfalls der öffentlichen Kontrolle dadurch entzogen hatte, daß es nicht öffentlich durch Gesetz, sondern in geschlossenen Gremien entschied. Diese Entscheidungen schlugen sich lediglich in (mehr oder weniger schwer zugänglichen) Titeln des Haushaltsplans nieder: Als die staatliche Parteienfinanzierung – vor dem Urteil des Bundesverfassungsgerichts von 1966[23] – noch nicht durch Gesetz festgelegt wurde, erhöhten sich

die Zahlungen von neun Millionen DM im Jahre 1959 auf 38 Millionen DM in 1965. Die Zahlungen an Bundestagsfraktionen aus der Staatskasse, deren Höhe ebenfalls nicht durch Gesetz festgelegt wird, vermehrten sich sprunghaft von 3,4 Millionen DM in 1966 auf über 90 Millionen DM in den neunziger Jahren. Die Zuwendungen an die Parteistiftungen, für die es nach wie vor kein Gesetz gibt, erhöhten sich von 14 Millionen im Jahre 1966 auf über 600 Millionen DM in den neunziger Jahren. Die Mittel für Abgeordnetenmitarbeiter, deren Höhe auch nicht im Gesetz, sondern nur im Haushaltsplan niedergelegt ist, weisen ebenfalls weit überproportionale Wachstumsraten auf.[24]

Gehört es zu den Kernelementen der rechtsstaatlichen Demokratie, daß es keine unkontrollierten Entscheidungen staatlicher Organe gibt und schon gar nicht solche, die in eigener Sache erfolgen, so muß der Gesetzentwurf als ein Anschlag auf elementare Grundsätze der Demokratie angesehen werden.

Die vorgesehene Ankoppelung der Entschädigung (und der Altersentschädigung) an die Richterbezüge beseitigt auch nicht etwa die Entscheidung des Parlaments in eigener Sache. Auch über die Richter- und Beamtenbesoldung als Bezugsgröße der Entschädigung und der Altersentschädigung entscheidet das Parlament durch Bundesgesetze. (Zudem bleibt es dem Parlament auch in Zukunft unbenommen zu entscheiden, an *welche* Bezugsgröße es die Entschädigung und die Altersentschädigung ankoppelt. Das Grundgesetz läßt in der vorgesehenen Fassung viel Spielraum [Näheres siehe S. 133 und S. 133 f.]. Im übrigen bildet auch das Grundgesetz selbst für eine große Koalition der Bundestagsfraktionen in Sachen Diäten keine Hürde mehr; da eine solche große Koalition beinahe definitionsgemäß über zwei Drittel der Mitglieder des Bundestags und damit über die zur Verfassungsänderung erforderliche Mehrheit verfügt, vermag sie das Grundgesetz nach ihren finanziellen Wünschen zu gestalten.)

Der Ankoppelungsautomatismus entzieht die Diäten nicht nur der öffentlichen Kontrolle, sondern er schafft noch eine erhebliche zusätzliche Problematik. Der Automatismus führt nämlich dazu, daß die Abgeordneten bei jeder Erhöhung der Besoldung des öffentlichen Dienstes auch über ihre eigenen Bezüge mitentscheiden und deshalb bei Entscheidungen über den öffentlichen Dienst ihre Unbefangenheit (die angesichts der »Verbeamtung« der Parlamente ohnehin gefährdet ist) vollends verlieren. Dadurch kann zumindest der böse Schein entstehen, daß Veränderungen der Beamtenbesoldung sich nicht zuletzt nach den Wünschen vieler Abgeordneter hinsichtlich ihrer eigenen Bezüge richten. Der Schwanz wedelt dann mit dem Hund. Das droht auch in bezug auf einzelne Bestandteile des Besoldungspakets: Gilt die Anpassung zum Beispiel rückwirkend auf den 1. Januar (so daß die Abgeordneten aufgrund des § 11 des Gesetzentwurfs, der auf die »für den Januar des jeweiligen Jahres geltenden Bezüge« eines Bundesrichters abhebt, noch im laufenden Jahr und rückwirkend in den Genuß der Erhöhung kommen), so wird der Verdacht kaum auszuräumen sein, der Bundestag habe dies nicht unbeeinflußt von den eigenen Interessen der Abgeordneten beschlossen. Ebenso wie bei der Frage, ob das Schwergewicht auf linearen Besoldungsanhebungen oder erhöhten Sockelbeträgen liegen sollte, kann das Eigeninteresse der Abgeordneten etwa auch bei der Frage durchschlagen, ob nicht die Bezüge oberster Bundesrichter zum Beispiel durch Gewährung weiterer Zulagen oder durch Einordnung in höhere Besoldungsgruppen (als der derzeitigen R6) erhöht werden sollten.

Die starre Erhöhungsautomatik, zu der die Ankoppelung führt, nimmt dem Parlament überdies die Möglichkeit, je nach politischer Lage, durch Auslassen von Erhöhungen (»Null-Runden«) und durch ostentativen eigenen Verzicht politische Zeichen zu setzen, wie dies der Bundestag und die Landtage in der Vergangenheit vielfach getan haben. Die Festsetzung der Entschädigung ist stets das Ergebnis eines übergreifenden Gewichtungsprozesses, in den sich ständig wandelnde gesellschaftspolitische Aspekte (zum

Beispiel Arbeitsmarktlage, Einkommensentwicklung, Finanzsituation des Landes), Anforderungen an den Arbeitsaufwand der Abgeordneten und Fragen ihres Selbstverständnisses, aber zum Beispiel auch die Ausgestaltung der sonstigen finanziellen Leistungen, die Abgeordnete erhalten, etwa die Gestaltung der Altersrente und der Bezug bisher steuerfreier Pauschalen, eingehen und weiterhin eingehen sollten.[25]

Heilung der Verfassungswidrigkeit durch Änderung des Art. 48 GG?

Die vom Gesetzentwurf vorgesehenen neuen Entscheidungsverfahren widersprechen der authentischen Auslegung des Grundgesetzes durch das dafür zuständige Bundesverfassungsgericht offensichtlich. Es ist unklar, welche Haltung die Initiatoren des Vorhabens zu diesem Widerspruch einnehmen, weil der Gesetzentwurf der Fraktionen der CDU/CSU und SPD und seine Begründung die einschlägige Rechtsprechung mit keinem Wort erwähnen[26] und schon gar nicht dazu Stellung nehmen. Eine denkbare Haltung wäre, darauf zu hoffen, daß sich kein Kläger findet oder das Gericht seine Rechtsprechung ändert.[27] Eine andere Strategie könnte dahin gehen, die neuen Verfahren durch Verfassungsänderung zu »heilen« zu versuchen. Die den Gesetzentwurf tragenden Fraktionen und ihre Wortführer hoffen offenbar auf das eine, ohne das andere lassen zu wollen. Sie hoffen darauf, daß sich kein Kläger findet – ohnehin würde es nach aller Erfahrung viele Jahre dauern, bis Karlsruhe zu einer Entscheidung käme –, suchen aber zugleich auch die neuen Entscheidungsverfahren verfassungsrechtlich dadurch zu »heilen«, daß sie zugleich mit dem Änderungsgesetz zum Abgeordnetengesetz auch eine Änderung des Art. 48 Abs. 3 GG[28] vorgesehen haben.[29] Allerdings sucht man nach diesem Motiv für die beabsichtigte Grundgesetzänderung im Gesetzentwurf und in seiner gesamten Begründung wiederum vergebens.[30] Nachdem der Widerspruch der neu vorgesehenen Entscheidungsverfahren zur Rechtsprechung des Bundesverfassungsgerichts und der bisherigen Staatspraxis nicht genannt wird, kann man auch jene dem neuen Art. 48 GG zugedachte Funktion nicht nennen. »Es ist der Fluch der bösen Tat, daß sie fortwährend Böses muß gebären«: Die bisher geschilderten Sünden des Gesetzentwurfs – praktisch unverständlicher Inhalt, Abschirmung der Höhe von Entschädigung, Altersrente und Kostenpauschale vor der Öffentlichkeit – finden hier ihre Fortsetzung in der Ausblendung zentraler rechtlicher Erwägungen, die die Initiatoren des Gesetzentwurfs dazu bewogen haben, eine Verfassungsänderung vorzusehen. Geschweige denn wird die Frage erwähnt, ob es politisch anständig ist, wenn der Bundestag es unternimmt, sich der ihm von der Verfassung (und der diese konkretisierenden Rechtsprechung) gesetzten Grenzen dadurch in eigener Sache zu entledigen, daß er kurzerhand – und wiederum in eigener Sache – die Verfassung selbst ändert. Schon gar nicht wird die Rechtsfrage angesprochen, ob die Grundgesetzänderung nicht gegen höheres Verfassungsrecht (Art. 79 Abs. 3 GG) verstößt und deshalb ihrerseits verfassungswidrig ist.

Im folgenden sollen zunächst die vorgesehenen neuen Verfassungsbestimmungen ausgelegt werden; sodann ist zu untersuchen, ob sie das neue Abgeordnetengesetz »heilen« können oder ob sie ihrerseits verfassungswidrig sind. Das Schwergewicht dieser Schrift liegt allerdings auf der verfassungs*politischen* Perspektive. Die verfassungs*rechtlichen* Fragen, ob die Neuregelung durch den neuen Art. 48 Abs. 3 GG geheilt werden kann und ob dieser mit Art. 79 Abs. 3 GG vereinbar ist, können im weiteren Verlauf nur angerissen werden. Eine tiefergehende Auseinandersetzung würde zur Vorbereitung eines verfassungsgerichtlichen Verfahrens nur erforderlich, falls die kritisierten Gesetzentwürfe tatsächlich verabschiedet würden. Dazu darf es aber nicht kommen.

Auslegung des vorgesehenen Art. 48 Abs. 3 Satz 2 und Satz 3 GG

Die neuen Vorschriften des Art. 48 Abs. 3 Satz 2 und 3 GG sollen in der Fassung des Gesetzentwurfs der Fraktionen der CDU/CSU und SPD folgenden Wortlaut erhalten:

> »Die Abgeordnetenentschädigung bestimmt sich nach den Jahresbezügen eines Richters an einem Obersten Bundesgericht. Das Nähere, insbesondere über die Abgeordneten- und Altersentschädigung sowie die Amtsausstattung, wird durch Bundesgesetz oder aufgrund eines Bundesgesetzes geregelt.«

Die Rechtsstellungskommission hatte eine etwas andere Formulierung vorgeschlagen:

> »Diese orientiert sich an den Jahresbezügen eines Richters an einem Obersten Bundesgericht. Das Nähere wird durch Bundesgesetz oder aufgrund eines Bundesgesetzes geregelt.«[31]

Die Bestimmungen des nunmehr maßgeblichen Gesetzentwurfs der Fraktionen der Union und SPD sind zunächst einmal ihrerseits zu interpretieren; das ergibt folgende Resultate:

Spielraum für den einfachen Gesetzgeber

Die Worte »bestimmt sich nach« (also nicht: »erhält eine monatliche Abgeordnetenentschädigung in Höhe von«) zeigen, daß dem einfachen Gesetzgeber ein Spielraum belassen wird. Das wird auch dadurch bestätigt, daß sich die Befugnis des Gesetzgebers, »das Nähere« zu regeln, ausdrücklich auch auf die Abgeordnetenentschädigung bezieht. In dieselbe Richtung weisen die Begründung des Gesetzentwurfs, wonach die Verfassung lediglich eine »Grundsatzentscheidung über den Rahmen« treffen soll,[32] und Ausführungen bei der ersten Lesung des Gesetzentwurfs im Bundestag.[33] Die Worte »bestimmt sich nach« dürften im Ergebnis also die gleiche Bedeutung haben wie die Worte im Entwurf der Rechtsstellungskommission »orientiert sich an«.

»Jahresbezüge eines Richters an einem obersten Bundesgericht«

Das Wort »Jahresbezüge« umfaßt auch das 13. Gehalt, den Ortszuschlag und die sogenannte Ministerialzulage.[34] Das Wort »Jahresbezüge« (also nicht Jahres*dienst*bezüge) läßt offen, ob dazu »nur« das Grundgehalt oder zum Beispiel auch der Ortszuschlag (und, wenn ja, welcher Stufe), die Ministerialzulage und die Sonderzuwendung gehören. Das bestätigt auch die erwähnte Vorstellung von der neuen Verfassungsvorschrift als »Rahmen«. Es macht im übrigen guten Sinn, den Ortszuschlag und die Ministerialzulage nicht zwangsläufig zu den »Jahresbezügen« zu rechnen. Die den Bundestagsabgeordneten zusätzlich gezahlte Kostenpauschale von 72 000 DM soll unter anderem ja gerade die Kosten einer Zweitwohnung und den Verpflegungsmehraufwand in Bonn abdecken. Guten Sinn würde es auch machen, die Sonderzuwendungen nicht unbedingt dazuzuzählen.[35] Von dieser Auslegungsmöglichkeit gehen auch Die Grünen aus, wenn sie vorschlagen, Abgeordneten nur das *Grundgehalt* der Besoldungsgruppe R6, nicht auch den Ortszuschlag, die Ministerialzulage und das 13. Monatsgehalt zu geben.[36]
In der Bundesrepublik gibt es fünf *oberste Bundesgerichte*: den Bundesgerichtshof in Karlsruhe, das Bundesverwaltungsgericht in Berlin, das Bundesarbeitsgericht und das Bundessozialgericht, beide in Kassel, und den Bundesfinanzhof in München.
»*Richter* an einem obersten Bundesgericht« sind nicht nur die »weiteren Richter« (die Bezüge nach der Besoldungsgruppe R6 erhalten), sondern auch »Vorsitzende Richter« (mit Bezügen nach

der Besoldungsgruppe R8) und die Präsidenten (mit Bezügen nach der Besoldungsgruppe R10).[37] Das folgt schon aus der üblichen Bezeichnung »*weitere*« Richter in den Prozeßordnungen für diejenigen Richter, die nach R6 bezahlt werden; sie zeigt, daß es außer ihnen noch andere Gruppen von Richtern an einem obersten Bundesgericht gibt. Nach dem Stand von 1993 beläuft sich die Zahl derartiger Richterstellen nach Angaben des Abgeordneten Scheu bei der ersten Lesung des Gesetzentwurfs »auf 320, wovon 258 in die Besoldungsgruppe R6 und 62 Stellen in die höhere Besoldungsgruppe R8 – Vorsitzende Richter – eingestuft sind«;[38] von Scheu nicht erwähnt wurden die fünf Stellen der Präsidenten der obersten Bundesgerichte (Besoldungsgruppe R10), die aber natürlich ebenfalls zu den »Richtern an einem obersten Bundesgericht« gehören. Die Verfassungsvorschrift ermächtigt den Gesetzgeber also, bei der Festsetzung der Abgeordnetenentschädigung auch über die Besoldungsgruppe R6 hinauszugehen bis an R8, ja sogar an R10 heran. (Die Bezüge nach der Besoldungsgruppe R8 liegen um etwa zehn Prozent [vgl. Tabelle 3 im Anhang, S. 160], die nach R10 um fast 50 Prozent über denen der Besoldungsgruppe R6 [vgl. Tabelle 4 im Anhang, S. 160].) Derartiges ist in den internen Beratungen der Rechtsstellungskommission auch ernsthaft diskutiert worden, etwa die Frage, ob nicht Ausschußvorsitzende nach R8 bezahlt werden sollten.[39] Der vorgesehene neue Art. 48 Abs. 3 GG bietet dafür jedenfalls die Möglichkeit. Und daß sich selbst für derartige weitere Erhöhungen der Abgeordnetenentschädigung neue Argumente ausdenken lassen, hat Bundestagspräsidentin Süssmuth deutlich gemacht, als sie beklagte, niemals sei die Vorgabe eingelöst worden, »daß ein Abgeordneter eine Entschädigung erhalten solle, die nicht geringer ausfallen dürfe als die Besoldung des obersten Beamten, den er kontrolliert. Davon sind wir weit entfernt und sind erheblich abgerutscht.«[40]

Die Verfassungsvorschrift des Gesetzentwurfs sieht nicht zwingend eine Koppelung an bestimmte Richterbezüge vor. Es wäre ja auch unklar, ob dies die Besoldungsgruppe R6 oder eine höhere sein sollte. Das hat vielmehr erst der »das Nähere« regelnde Gesetzgeber zu entscheiden. Die vorgesehene Verfassungsvorschrift läßt dem Abgeordnetengesetz (jedenfalls ihrem Wortlaut nach)[41] die Möglichkeit,

- *feste Beträge* einzusetzen, wie dies der Entwurf der Rechtsstellungskommission vorgesehen hatte[42] oder
- eine Koppelung zum Beispiel an die Bezüge der Besoldungsgruppe R6 vorzunehmen und bis zum Jahr 2000 durch jährliche Steigerungsstufen an diesen Betrag heranzuführen, wie dies der Gesetzentwurf der Fraktionen der CDU/CSU und SPD vom 28. 6. 1995 vorsieht.[43]

Regelung des Näheren »aufgrund eines Bundesgesetzes«

Das Grundgesetz soll in Zukunft auch eine Regelung »aufgrund eines Bundesgesetzes« zulassen, eine Möglichkeit, die gegenständlich nicht beschränkt ist, sondern sich auf die gesamte Materie bezieht. Damit soll der Gesetzes*total*vorbehalt entfallen, der nach den Grundsätzen des Diätenurteils vorgeschrieben ist und der verlangt, daß bei Entscheidungen des Parlaments in eigener Sache alles im Gesetz steht. Das schließt an sich nicht aus, daß der Gesetzgeber auch in Zukunft alles regelt. Doch die Verfassung *ermöglicht* es, daß in Zukunft jemand anderes als »der Gesetzgeber« die Entscheidung trifft und daß dies vor allem in einem anderen Verfahren als dem öffentlichkeitsorientierten Gesetzgebungsverfahren geschieht.[44] Und *einen* Bereich sieht § 12 Satz 3 des Entwurfs eines neuen Abgeordnetengesetzes auch bereits vor: Die nähere Entscheidung über die Höhe der Kostenpauschale und die Anpassung soll, wie erwähnt, dem Haushaltsausschuß und dem Ältestenrat übertragen werden.

Das Bundesverfassungsgericht hat im Diätenurteil ausdrücklich zwar nur die gesetzliche Regelung für »wesentliche Teile« der finanziellen Ausstattung der Abgeordneten verlangt,[45] dadurch aber noch nicht automatisch erklärt, daß *nicht*wesentliche Teile keiner gesetzlichen Regelung bedürften. Unserer Auffassung nach besteht bei Entscheidungen des Parlaments in eigener Sache ein durchgehender Gesetzesvorbehalt; das Wesentliche, das die Entscheidung im Gesetzgebungsverfahren verlangt, liegt eben in der Selbstbewilligung (Näheres siehe S. 116 ff.). In einer im Bericht der Rechtsstellungskommission im Anhang wiedergegebenen neuen Entscheidung des Verfassungsgerichtshofs für das Land Nordrhein-Westfalen wird zwar davon ausgegangen, der Gesetzesvorbehalt beziehe sich nur auf die »Festsetzung wesentlicher Teile der Abgeordnetenentschädigung«;[46] zugleich wird das dort gegenständlich verstandene Wort »wesentlich« aber so extensiv interpretiert, daß praktisch alle materiellen Entscheidungen über die Abgeordnetenentschädigung darunter fallen, so daß im Ergebnis kaum noch ein Unterschied zu der hier vertretenen Auffassung besteht.

Vereinbarkeit mit Art. 79 Abs. 3 GG?

Auch der verfassungsändernde Gesetzgeber ist nicht ungebunden, sondern findet seine Grenzen in Art. 79 Abs. 3 GG.
Der Frage, inwieweit Art. 48 Abs. 3 GG tatsächlich eine Ermächtigung für den einfachen Gesetzgeber enthält, eine Ankoppelung der Abgeordnetenentschädigung an die Bezüge von Richtern oberster Bundesgerichte vorzunehmen, soll hier nicht weiter nachgegangen werden, sondern statt dessen sogleich geprüft werden, ob Art. 48 Abs. 3 GG von Verfassungs wegen zu einer derartigen Ankoppelung ermächtigen *darf*. Das hängt davon ab, ob eine solche Ankoppelung mit Art. 79 Abs. 3 GG vereinbar ist. Im folgenden ist also zu untersuchen, ob die Festlegung der Entschädigung in Höhe einer beamten- oder richtermäßigen Besoldungsgruppe und damit die Kop-

pelung der Entschädigung an ein Beamten- oder Richtergehalt zulässig wäre, wenn sie *ausdrücklich* in der Verfassung stünde.
Nach Art. 79 Abs. 3 GG ist eine Änderung dieses Grundgesetzes, durch welche »die in den Artikeln 1 und 20 niedergelegten Grundsätze berührt werden«, unzulässig.
Zum Verständnis dieser Vorschrift ist die einschlägige Rechtsprechung des Bundesverfassungsgerichts heranzuziehen. Doch sei hier zunächst erneut auf die Besonderheit des vorliegenden Falles hingewiesen. Entscheidungen des Parlaments in eigener Sache bedürfen in besonderem Maße der Kontrolle. Dafür kommen in einer parlamentarischen Demokratie nur das Verfassungsgericht und die Öffentlichkeit in Betracht. Dies gilt sowohl für Gesetzes- als auch für Verfassungsänderungen, die das Parlament in eigener Sache beschließt. Verfassungsänderungen verlangen zwar nach Art. 79 Abs. 2 GG Zweidrittelmehrheiten im Bundestag und im Bundesrat. Im allgemeinen kann man auch davon ausgehen, daß dieses Erfordernis qualifizierter Mehrheiten die Mitwirkung der Opposition erfordert und damit die Chance zu ausgewogenen und inhaltlich richtigen Entscheidungen gesteigert und Auswüchse und Mißbrauch verhindert werden. Bei Verfassungsänderungen in eigener Sache liegt diese Voraussetzung aber nicht vor. Hier wird ohnehin regelmäßig ein politisches Kartell gebildet, das heißt, die erforderlichen Zweidrittelmehrheiten liegen bei derartigen Gesetzen regelmäßig vor. Die qualifizierten Mehrheiten bedeuten also keine zusätzliche Erschwerung des Beschlusses und keine erhöhten Richtigkeitsgewährleistungen gegenüber einfachen Gesetzen (da derartige Zweidrittelmehrheiten bei Entscheidungen des Parlaments in eigener Sache ohnehin fast immer gegeben sein werden, Stichwort »politische Kartelle«). Im Gegenteil: Bei Verfassungsänderungen des Parlaments in eigener Sache besteht die Gefahr, daß das Parlament zum eigenen Vorteil entscheidet und die Volksvertreter den Staat zum eigenen Nutzen instrumentalisieren, in nicht geringerem, ja vielleicht in noch viel größerem Maße als bei einfachen

Gesetzesänderungen. Das zeigt gerade der vorliegende Fall. Bisher pflegen Parlamente noch davor zurückzuschrecken, auch Verfassungen für ihre Zwecke zu instrumentalisieren. Der Gesetzentwurf, um den es hier geht, ist in dieser Hinsicht ein Präzedenzfall. Der in eigener Sache entscheidende – also befangene – Bundestag unternimmt es erstmals, die Verfassung zu ändern, um den Abgeordneten persönliche Vorteile zu verschaffen.

Der Bundestag steht insofern an einer verfassungspolitischen Weggabelung. Verlieren die Abgeordneten erst ihre bisherige Scheu vor einem solchen Schritt, sind auch weitere Verfassungsänderungen nicht mehr tabu. Die Instrumentalisierung des Grundgesetzes als Mittel zur Durchsetzung eigener finanzieller (oder sonstiger) Interessen in großem Stil wäre nicht mehr aufzuhalten.

Denn Änderungen des Grundgesetzes ermöglichen es dem Parlament, sich der bisher vorhandenen Sicherungen – Öffentlichkeit und Verfassungsgericht – bei den besonders kontrollbedürftigen Entscheidungen des Parlaments in eigener Sache zu entledigen: Gerade im vorliegenden Fall soll die Kontrolle seitens der Öffentlichkeit dadurch unterlaufen werden, daß die Entschädigung an Beamten- bzw. Richterbezüge gekoppelt und die Entscheidung über andere Teile der Diäten in abgeschirmte, nicht öffentlich tagende Gremien verlagert werden kann und – hinsichtlich der Kostenpauschale – tatsächlich auch verlagert wird. Die Kontrolle durch das Verfassungsgericht, das öffentlichkeitswirksame Verfahren vorgeschrieben hat, soll dadurch unterlaufen werden, daß kurzerhand die Verfassung selbst geändert wird.

Soll das in eigener Sache entscheidende Parlament nicht völlig »kontrollos« werden, muß in dieser Lage zumindest eine strenge Bindung an Art. 79 Abs. 3 in Verbindung mit Art. 20 GG angenommen werden und vor allem auch eine *strenge Kontrolle* dieser Bindung *durch das Bundesverfassungsgericht* erfolgen.

Nach Art. 79 Abs. 3 GG ist eine Änderung des Grundgesetzes, durch welche »die in den Art. 1 und 20 niedergelegten Grundsätze

berührt werden«, unzulässig. Zu diesen Grundsätzen gehört das Demokratieprinzip des Art. 20 GG, nach dessen Absatz 1 die Bundesrepublik Deutschland ein demokratischer Staat ist.
Das Bundesverfassungsgericht hat im Diätenurteil die von ihm konkretisierten besonderen Öffentlichkeitsanforderungen, die sowohl eine Koppelung an Beamtengehälter als auch eine Delegation der Entscheidung an nicht öffentlich tagende abgeschirmte Hilfsgremien untersagen, ausdrücklich mit dem »demokratischen und rechtsstaatlichen Prinzip (Art. 20)« begründet.[47] An anderer Stelle hat es die aus Art. 48 Abs. 3 GG entwickelten Grundsätze, zu denen auch die genannten verfahrensmäßigen Grundsätze bei Entscheidungen des Parlaments in eigener Sache gehören, »zu den Essentialen des demokratischen Prinzips« gerechnet.[48]
Das Bundesverfassungsgericht hat bei Beurteilung der Grenzen, die Art. 79 Abs. 3 GG dem verfassungsändernden Gesetzgeber zieht, bisher allerdings eine relativ flexible Haltung eingenommen. Der Gesetzgeber werde durch Art. 79 Abs. 3 GG nicht gehindert, »durch verfassungsänderndes Gesetz auch elementare Verfassungsgrundsätze systemimmanent zu modifizieren.«[49] Doch hat das Gericht gleichzeitig betont, dies dürfe nur aus »evident sachgerechten Gründen« erfolgen.[50] Dies muß besonders dann gelten, wenn das Parlament die Verfassungsänderung in eigener Sache vornimmt und deshalb die Mißbrauchsgefahr besonders naheliegt und die Wahrnehmung der Kontrollfunktion durch das Bundesverfassungsgericht besonders dringend ist.
Wie oben im einzelnen dargelegt, gibt es weder sachgerechte Gründe für eine Koppelung der Abgeordnetenentschädigung an die Bezüge von Richtern noch überhaupt dafür, Entscheidungen des Parlaments über seinen finanziellen Status dem öffentlichkeitswirksame Gesetzgebungsverfahren zu entziehen. Die Entwicklung der Abgeordnetenentschädigung weist alles andere als einen Rückstand gegenüber den Einkommen anderer auf (vgl. Kapitel 4, S. 72–79). Es ist umgekehrt: Die derzeitige dem Erhöhungsvorha-

ben scheinbar gewogene und deshalb nicht sehr wachsame öffentliche Stimmung soll dazu genutzt werden, die Entschädigung und die Altersversorgung mittels eines schwer nachvollziehbaren Verfahrens und eines undurchsichtigen Gesetzentwurfs auf ein bisher noch nie gekanntes Niveau zu bringen (vgl. Kapitel 4, S. 79 f.). Entgegen den Behauptungen der Gesetzesinitiatoren ist auch das Einfrieren der Abgeordnetenentschädigung in den Jahren 1977 bis 1982 und wiederum in den Jahren 1993 und 1994 kein Zeichen für ein Versagen des bisherigen Entscheidungsverfahrens, eine angemessene Entschädigung zu sichern, sondern im Gegenteil Ausdruck der Fähigkeit dieses Verfahrens, auf eindeutig unangemessene und zum Teil sogar verfassungswidrige Privilegien von Abgeordneten und die entsprechende Kritik sensibel zu reagieren (Näheres siehe S. 81–93).

Die vom Bundesverfassungsgericht entwickelten Verfahrensweisen bei Entscheidungen des Parlaments in eigener Sache sind also nicht etwa unangemessen und revisionsbedürftig, sondern sie sind in besonderer Weise problemadäquat. Es gibt keine triftigen Gründe, davon in Zukunft abzugehen, im Gegenteil: Sie sind unverzichtbar. Damit fehlt es aber auch an den »evident sachgerechten Gründen«, aus denen das Gericht dem verfassungsändernden Gesetzgeber eine »Fortentwicklung« der Grundsätze des Art. 20 GG ausnahmsweise erlaubt hat.

Zudem wären die beabsichtigten Änderungen des Grundgesetzes alles andere als eine systemimmanente Fortentwicklung der Grundsätze der Art. 1 und Art. 20 GG. Der erstmalige Versuch, die beiden Kontrollen, die bei Entscheidungen des Parlaments in eigener Sache noch bleiben, die Kontrolle durch Öffentlichkeit und die durch das Verfassungsgericht, durch Verfassungsänderungen zu beseitigen, dürfte, wenn er »gelingt«, zum Präzedenzfall werden. Er dürfte dann in den Bundes*ländern* und auch in allen anderen finanziellen und nichtfinanziellen Bereichen, wo es um Eigeninteressen der politischen Klasse geht, Schule machen. Damit taucht am Horizont der Schatten eines neuen Absolutismus auf, diesmal eines Absolutismus der politischen Klasse (Näheres in Kapitel 7). Genau solchen Entwicklungen zu wehren, die alle rechtstaatlichen und demokratischen Grundsätze aus den Angeln zu heben drohen, ist (falls die öffentliche Kontrolle nicht ausreicht) Kernaufgabe des Bundesverfassungsgerichts.

Damit erweist sich, daß eine verfassungsrechtliche Ermächtigung zu einer Koppelung der Entschädigung an die Richter- oder Beamtenbesoldung oder zu einer Verlagerung von Entscheidungen über Diäten auf den Haushaltsausschuß oder den Ältestenrat nicht zulässig ist.[51] Wie immer die vorgesehene neue Verfassungsvorschrift zu verstehen ist, eine solche Ermächtigung darf sie von Verfassungs wegen jedenfalls nicht enthalten. Damit ist sie auch nicht in der Lage, die Verfassungswidrigkeit der Bestimmungen des neuen Abgeordnetengesetzes zu »heilen«. Diese sind und bleiben vielmehr verfassungswidrig (Näheres siehe S. 119 ff.).

Eine verfassungspolitische Alternative

Aus dem Dilemma des Parlaments, in eigener Sache entscheiden zu müssen, haben die Vereinigten Staaten jüngst einen einleuchtenden Ausweg gefunden. Dort kann eine gesetzliche Regelung der Abgeordnetenentschädigung nunmehr immer nur mit Geltung für die zukünftige Legislaturperiode vorgenommen werden. Einen dahingehenden Vorschlag hatte bereits Hilde Krüger in der Bundesrepublik im Jahre 1964 unterbreitet.[52] Sie konnte sich dabei auf verfassungspolitische Gedanken berufen, die Julius Hatchek bereits 1915 erörtert hatte.[53] Krüger meinte, ihre Auffassung ließe sich bereits aus der Verfassung ableiten. Dies dürfte zwar kaum der Fall sein, schließt eine entsprechende Änderung der Verfassung aber nicht aus, und eine solche wäre sehr zu befürworten.[54]

In den Vereinigten Staaten von Amerika wurde die entsprechende Verfassungsvorschrift im Jahre 1992 durch den 27. Zusatzartikel in die Verfassung eingefügt. Die neue Vorschrift lautet: »Ein Gesetz, welches die Entschädigung für die Dienste der Senatoren und Abgeordneten ändert, soll so lange nicht in Kraft treten, bis zuvor die Wahl der Volksvertreter stattgefunden hat.« Die Geschichte dieser Verfassungsergänzung grenzt ans Unglaubliche.[55] Diesen Vorschlag hatte James Madison, einer der geistigen Väter der amerikanischen Verfassung, bereits im Jahre 1789 im Kongress eingebracht, er wurde aber erst jetzt nach über 200 Jahren wirksam, nachdem mit der Ratifizierung durch den Staat Michigan die erforderliche Mehrheit von drei Viertel der Einzelstaaten der USA erreicht war. Die Vorschrift beruht auf Madisons weitsichtiger Erkenntnis, daß »es unziemlich erscheint, wenn irgendeine Gruppe unkontrolliert mit der Hand in die Staatskasse greift, um daraus Geld in die eigene Tasche zu stecken«.[56]
Eine solche Regelung, die die Parteienfinanzierungskommission beim Bundespräsidenten auch für die Finanzierung der Parteien, Fraktionen und parteinahen Stiftungen verlangt,[57] hätte den großen Vorteil, daß die Abgeordneten, die über Diätenerhöhungen entscheiden, nicht genau wissen, ob sie von ihrer Entscheidung selbst profitieren würden. Allerdings darf dieser Gesichtspunkt auch nicht überschätzt werden. Es gibt sicher Abgeordnete, die zum Zeitpunkt der Entscheidung bereits mit einiger Sicherheit damit rechnen können, daß sie wieder in den nächsten Bundestag einziehen können. Entscheidend aber ist, daß zwischen der Entscheidung des Parlaments und ihrem Inkrafttreten stets ein Wahlkampf liegt, in dem die Abgeordneten und ihre Parteien damit rechnen müssen, daß ihnen eventuelle Mißbräuche vom Wähler vorgehalten werden. Auf diese Weise würden »überraschende Entscheidungsverfahren erschwert und die öffentliche Kontrolle verbessert«.[58]

7 Zusammenfassung der Ergebnisse und abschließende Würdigung

Die finanzielle Entlohnung der führenden Politiker eines Gemeinwesens rührt seit jeher und fast »mehr als jede andere Materie an den Kern der Beziehungen zwischen Herrschern und Beherrschten«.[1] Die Problematik geht weit über die fiskalische Belastung der öffentlichen Haushalte hinaus. Berechnungen, die von interessierter Seite gelegentlich in Umlauf gesetzt werden und die zeigen sollen, wie wenige Mark einzelne Maßnahmen der Politikfinanzierung den einzelnen Staatsbürger kosten, werden der Thematik deshalb nicht gerecht. Die Bezahlung der Abgeordneten als wichtigster Angehöriger der sogenannten politischen Klasse und besonders die Art und Weise, in der über ihre Entlohnung entschieden wird, gehörten zu den »Regeln des Machterwerbs«,[2] das heißt zu den grundlegenden Spielregeln, die die Rekrutierung des politischen Personals und den Ablauf und die Ergebnisse der politischen Willensbildung wesentlich mitbestimmen. Ihre Bedeutung für die Entwicklung des Gemeinwesens und damit auch die Notwendigkeit, sie vor Verzerrungen und Fehlentwicklungen zu bewahren, liegt damit auf der Hand. Angesichts der gerade bei der Beschlußfassung des Parlaments über Abgeordnetendiäten typischen Großparteien-Kartelle und damit des Fehlens oder doch der Schwächung innerparlamentarischer Kontrolle durch die Opposition – selbst die Grünen sind nicht mehr das, was sie einmal waren –, ist der Verfassungsstaat in diesem Bereich in gesteigertem Maß auf die Wirksamkeit anderer Kontrollen angewiesen, der Öffentlichkeit und der Verfassungsrechtsprechung.

Gelingt es nicht, diese Kontrollen wirksam zu halten, droht die politische Klasse auf Dauer einer doppelten Versuchung zu erliegen: übermäßiger Selbstversorgung und Benachteiligung derjenigen politischen Konkurrenten, die nicht am innerparlamentarischen Kartell beteiligt sind, also vor allem der außerparlamentarischen Gruppierungen, die aufgrund der Fünfprozentklausel (noch) nicht im Parlament vertreten sind. Darin liegt eine kaum zu überschätzende Gefahr für die Offenheit des politischen Prozesses, die ihrerseits die Reaktionsfähigkeit des politischen Systems auf neue Herausforderungen empfindlich beeinträchtigen und damit die Überlebensfrage des ganzen Systems stellen kann. Unkontrollierte, vom Virus des Selbstinteresses infizierte Entscheidungen des Parlaments setzen zudem das Vertrauen in die Politik und damit die Steuerungsfähigkeit der Politik gegenüber der Gesellschaft insgesamt aufs Spiel. Das Bundesverfassungsgericht hat dies ohne Beschönigung formuliert: »Gewönne der Bürger den Eindruck, die Parteien ›bedienten‹ sich aus der Staatskasse, so führte dies notwendig zu einer Verminderung ihres Ansehens und würde letztlich die Fähigkeit beeinträchtigen, die ihnen von der Verfassung zugewiesenen Aufgaben zu erfüllen.«[3] Dieser vom Gericht auf die Parteienfinanzierung bezogene Satz gilt natürlich nicht weniger für die Abgeordnetendiäten.

Das Hauptproblem der vorliegenden Gesetzentwürfe liegt darin, daß sie versuchen, nicht nur die Entschädigung und die Altersrenten von Bundestagsabgeordneten auf ein bisher unvorstellbares Niveau zu steigern (ohne die bestehenden Privilegien und Auswüchse durchgreifend zu beseitigen), sondern daß sie auch die Kontrollmechanismen, die gegen das in eigener Sache entscheidende Parlament noch bestehen, beseitigen oder jedenfalls wesentlich schwächen wollen.

Das vorgesehene Diätengesetz sieht eine massive Anhebung der Entschädigung und der Altersrenten vor; die Entschädigung soll von derzeit 10 366 DM in sechs Jahresschritten zu je etwa

1000 DM auf etwa 16 500 DM zum 1. Januar 2000 steigen.[4] (Das soll auch für die deutschen Europaabgeordneten gelten, die keiner kennt.) Das steuerpflichtige Gehalt der Präsidentin des Bundestags beträgt dann 33 000 DM, das von Vizepräsidenten 25 000 DM. Die Altersrenten ehemaliger und amtierender Abgeordneter werden aufgrund des Gesetzentwurfs zum 1. 1. 2000 um etwa 40 Prozent höher sein als bisher[5] – und das, obwohl schon jetzt die Überversorgung von Abgeordneten allgemein kritisiert wird. Die Erhöhung der Renten kann für amtierende Abgeordnete einen wirtschaftlichen Mehrwert in Höhe eines einmaligen zusätzlichen Bruttoeinkommens von weit über einer Million Mark haben.[6] Die Kostenpauschale wird zwar zunächst beibehalten, ab 1996 aber droht eine sprunghafte Steigerung.

Daß die Entschädigung massiv erhöht werden müsse, wird damit begründet, die Parlamentarier seien gegenüber der allgemeinen Einkommensentwicklung in Rückstand. Das trifft aber nicht zu und läßt sich nur dadurch darstellen, daß das Jahr 1977 zum Basiszeitpunkt des Vergleichs gewählt und dadurch die unmittelbar vorangehende Verdoppelung der Entschädigung ausgeblendet wird. In Wahrheit weist die Entschädigung von Bundestagsabgeordneten keinen Rückstand, sondern einen Vorsprung auf.[7] Auch die anderen Argumente für eine massive Erhöhung (Stärkung der Unabhängigkeit, Erleichterung eines Seiteneinstiegs für gutverdienende Persönlichkeiten aus der Wirtschaft) halten einer Nachprüfung nicht stand. Der internationale Vergleich zeigt, daß die Diäten von Bundestagsabgeordneten schon jetzt in der Spitzengruppe liegen. Auch dies legt – ebenso wie die wirtschaftlich-soziale Gesamtlage – eher Zurückhaltung bei Diätenbeschlüssen nahe.[8]

Der Gesetzentwurf ist ein Meisterstück an Camouflage. Die ursprüngliche Vorlage der Rechtsstellungskommission, die von der Parlamentsspitze auch öffentlich vorgestellt worden war, wurde unmittelbar vor Einbringung und erster Lesung im Bundestag durch einen anderen, stark »verböserten« Gesetzentwurf ausgetauscht, ohne daß der Öffentlichkeit dies mitgeteilt worden wäre.[9] Der maßgebliche Gesetzentwurf enthält keinerlei konkrete Beträge mehr, sondern nur Prozentsätze und unverständliche Versatzstücke aus dem Beamtenbesoldungs- und -versorgungsrecht, so daß bereits die bloße Erfassung seines Inhalts selbst für den geschulten Juristen wochenlange Arbeit erfordert.[10] Das Verständnis wird auch dadurch erschwert, daß der Gesetzentwurf grobe handwerkliche Mängel aufweist. Mehrere Wörter und sogar ein ganzer Satz sind überflüssig oder gar irreführend und stellen für den Leser geradezu Schikanen dar, die ihm das Verständnis erschweren. Diese redaktionellen Mängel lassen auf die Hast schließen, mit der der nun maßgebliche Gesetzesentwurf gegen den früher öffentlich vorgestellten ausgetauscht worden ist.

Die Camouflage scheint vor allem den Sinn zu haben, das enorme Ansteigen der Altersrenten zu verdecken, zumal dieses den öffentlichen Erklärungen der Verantwortlichen, die eine Kürzung der Renten versprochen hatten, widerspricht.

Ausdruck der Verschleierung ist auch, daß die Entschädigung an die Besoldung von Bundesrichtern angekoppelt wird. In Zukunft soll es dem Bundestag ermöglicht werden, die Abgeordnetenentschädigung geräuschlos und ohne viel Aufhebens dadurch zu erhöhen, daß er die Beamten- und Richterbesoldung, die ja vom Gesetzgeber festgesetzt wird, anhebt. Die Ankoppelung beseitigt auch nicht etwa die Entscheidung in eigener Sache, da das Parlament auch über die Beamten- und Richterbesoldung entscheidet.

Eine weitere Abdunkelung ist dadurch vorgesehen, daß die steuerfreie Kostenpauschale von Bundestagsabgeordneten von derzeit etwa 72 000 DM jährlich dynamisiert und die Entscheidung über die Höhe in Zukunft nicht mehr durch Gesetz erfolgen, sondern auf den Haushaltsausschuß des Bundestags übertragen werden soll, der nichtöffentlich verhandelt. Da im Gesetzentwurf und seiner Begründung nicht gesagt wird, welches das Basisjahr für eine Indexierung sein soll, besteht die Gefahr, daß ab 1996 mittels einer viele Jahre *zurückwirkenden* Indexierung auch die Kostenpauschale sprunghaft gesteigert wird. Im Bericht der Rechnungsstellungskommission fand sich noch eine ausdrückliche Sperre gegen eine solche Rückwirkung. In der Begründung des jetzt maßgeblichen Gesetzesentwurfs fehlt sie dagegen.

Bei Entscheidungen des Parlaments in eigener Sache kommen als Gegengewichte gegen Fehlentwicklungen und Mißbräuche nur noch die Öffentlichkeit und die Verfassungsrechtsprechung in Betracht. Beide versucht der Gesetzentwurf auszuhebeln; darin liegt das zentrale verfassungspolitische Problem. Das Grundgesetz verbietet (in der authentischen Auslegung durch das Bundesverfassungsgericht) sowohl eine Ankoppelung der Entschädigung an Gehälter von Richtern und Beamten als auch eine Übertragung der Entscheidung über Teile der Diäten auf nichtöffentlich verhandelnde Gremien. Beides sieht der Gesetzentwurf aber vor und sucht der Verfassungswidrigkeit dadurch zu entgehen, daß gleichzeitig auch das Grundgesetz selbst geändert werden soll. Die Abgeordneten der Union und der SPD suchen also ihre breite Mehrheit dazu zu nutzen, bisher bestehende Verfassungsbarrieren in eigener Sache zu schleifen und dadurch die Kontrolle durch das Verfassungsgericht und die Öffentlichkeit zu beseitigen. Die Folge sind »kontrollose« Entscheidungen des Parlaments in eigener Sache, also gerade in einem solchen Bereich, wo Kontrolle eigentlich besonders not täte.[11] Dieser Vorgang ist von völlig anderer Dimension und viel tiefergehend als nur irgendein normales Gesetz: Hier versucht die politische Klasse, sich zum eigenen Wohl aller Kontrollen ein für allemal zu entledigen und sich dadurch in Sachen eigener finanzieller Ausstattung jetzt und in Zukunft praktisch kontrol*los* zu stellen. Das ist das Gegenteil dessen, was das Prinzip der Gewaltenteilung verlangt. Die verfassungspolitische Dimension eines solchen Vorgehens ist unabsehbar.

Sollte der Bundestag mit seiner derzeitigen Initiative »Erfolg« haben, so ist zu erwarten, daß auch die Bundesländer rasch folgen und flächendeckend durch Verfassungsänderungen das für sie so sehr verführerische Verfahren einführen, das heißt, die Diäten massiv erhöhen und sie gleichzeitig kontrollos stellen. Macht dieses Verfahren hinsichtlich der Diäten Schule, so ist zu erwarten, daß es auch für alle anderen Bereiche der Politikfinanzierung eingeführt wird, also zum Beispiel auch für die staatliche Parteienfinanzierung. Es geht letztlich um nicht weniger als darum, ob es der »politischen Klasse« gelingt, sich bei Festsetzung ihrer eigenen Bezüge kontrollos zu stellen.

Sollte der jetzige Bonner Anlauf »Erfolg« haben, werden die bestehenden verfassungsrechtlichen Schranken auf Dauer keine Beachtung mehr finden, sondern das Parlament wird auch hier versuchen, sich ihrer durch Verfassungsänderungen zu entledigen.

Hat sich die politische Klasse aber erst einmal in bezug auf ihre eigene Finanzierung der Kontrollen entledigt, wird dieses – aus ihrer Sicht – bestechende und das Regieren scheinbar so sehr erleichternde Vorgehen auch auf *nicht*finanzielle Bereiche übergreifen, in denen es um Eigeninteressen der politischen Klasse geht. Wer will, um nur ein Beispiel zu nennen, den Bundestag dann noch daran hindern, wenn er versuchen sollte, Parteibuchwirtschaft bei der Postenbesetzung im öffentlichen Dienst, die bisher verfassungswidrig ist und deshalb nur zögernd und mit schlechtem Gewissen erfolgt, durch Änderung des Grundgesetzes zu legalisieren und damit alle Schleusen zu öffen? Es geht um mehr als einige Milliarden Mark. Es geht um die an das Fundament unseres Gemeinwesens gehende Frage, ob hier ein neuer Absolutismus der politischen Klasse entsteht oder ob es der Öffentlichkeit gelingt, den Anfängen zu wehren.

Die Demokratietheorie ist sich weitgehend darüber einig, daß es eigentlich erforderlich wäre, der politischen Klasse verstärkt Grenzen zu ziehen. Hier droht nun genau das Gegenteil zu geschehen: Auf einem wichtigen Gebiet sollen die bestehenden Grenzen abgebaut werden. Unsere rechtsstaatliche Demokratie lebt von den

Gedanken der Gewaltenteilung und der gegenseitigen Kontrolle der Staatsorgane. Dadurch hebt sie sich vom Absolutismus früherer Zeiten ab, der dadurch gekennzeichnet war, daß der Herrscher *legibus absolutus*, das heißt von allen Bindungen und Gesetzen befreit war. Stehen wir mit dem vorliegenden Gesetzentwurf am Anfang einer neuen Form des Absolutismus?
Zugleich erhält der Gesetzentwurf auch fast alle problematischen und zum Teil eindeutig verfassungswidrigen Bereiche aufrecht, insbesondere:

- Die steuerfreie und verfassungswidrige Kostenpauschale bleibt unverändert erhalten und wird mit Hilfe des vorgesehenen neuen Verfahrens möglicherweise noch massiv erhöht. Die von allen Seiten, auch von der Kissel-Kommission und der bayerischen Diätenkommission befürwortete und vom Bund der Steuerzahler immer wieder geforderte Einzelabrechnung der mandatsbedingten Aufwendungen unterbleibt.[12]
- Die hohen sogenannten Parteisteuern, die Abgeordnete über ihre normalen Beiträge hinaus an die verschiedenen Gliederungen ihrer Partei abzuführen haben und die regelmäßig vierstellige Monatsbeträge ausmachen, werden vom Gesetzentwurf nicht behandelt, obwohl klar ist, daß derartige Parteisteuern verfassungswidrig sind und ihre Beseitigung zu einer erheblichen Mehrung des verfügbaren Abgeordneteneinkommens führen würde, ohne daß die Diäten erhöht werden müßten.[13]
- Die übermäßige Abhängigkeit der Abgeordneten von ihrer Partei, die nur durch eine Änderung des Wahlrechts angegangen werden kann,[14] wird vom Gesetzentwurf nicht behandelt.
- Die angekündigte Verkleinerung des Bundestags um 73 bis 100 Abgeordnete droht zu scheitern, nachdem der Gesetzentwurf die zeitliche Koppelung mit der Diätenerhöhung vollends aufgegeben hat.[15]
- Doppelbezüge etwa von Ministern, die gleichzeitig Abgeordne-

te sind und die zusätzlich zu ihren Ministerbezügen die Hälfte der Entschädigung und Dreiviertel der Kostenpauschale erhalten, was allgemein als nicht haltbares Privileg angesehen wird, bleiben durch den Gesetzentwurf unberührt und werden aufrechterhalten.[16]

- Auch die sonstigen Probleme des finanziellen Status von Bundesministern, besonders die überzogenen Übergangsgelder, werden vom Gesetzentwurf nicht in Angriff genommen, obwohl zum Beispiel auch die Kissel-Kommission dahingehende Empfehlungen gemacht hat.[17]

8 Vorschläge: Eine bessere Alternative

Es kann nicht Aufgabe dieser Untersuchung sein, einen vollständigen Alternativentwurf vorzulegen. Doch sollen im folgenden immerhin einige Eckpunkte genannt werden:

1. Auf die Koppelung der Entschädigung an Richtergehälter muß ebenso verzichtet werden wie auf die Übertragung von Entscheidungen, etwa über die Kostenpauschale, auf den Haushaltsausschuß. Die verfassungspolitisch gefährliche und verfassungsrechtlich anfechtbare Änderung des Grundgesetzes muß unterbleiben.
2. Die Abtrennung der Verkleinerung des Bundestags von der Diätenerhöhung sollte revidiert und das Paket nicht aufgeschnürt werden. Nach dem Gesetzentwurf besteht die große Gefahr, daß die Erhöhungen durchgeführt werden, sich nachher aber die Verkleinerung als »politisch nicht durchsetzbar« erweist. Um die Verkleinerung des Bundestags zu sichern, darf eine ins Gewicht fallende Diätenerhöhung erst erfolgen, wenn die Verkleinerung wirklich erfolgt ist.
3. Die Entschädigung sollte maßvoll, etwa von derzeit 10 366 DM auf etwa 12 000 DM, angehoben werden (ähnlich auch die Vorschläge der Grünen und der FDP bei der ersten Lesung im Bundestag). Wenn gleichzeitig die verfassungswidrigen und auch sonst mißlichen sogenannten Parteisteuern wirksam unterbunden würden, würde das den Abgeordneten zur Verfügung stehende Nettoeinkommen noch erheblich weiter steigen.
4. Eine Erhöhung der Entschädigung für Europaabgeordnete, die keiner kennt, erscheint nicht gerechtfertigt.

5. Die steuerfreie Kostenpauschale von jährlich etwa 72 000 DM sollte in Zukunft einzeln abgerechnet werden. Dies hatte auch die Kissel-Kommission verlangt. Damit entfiele auch das verfassungswidrige Privileg, daß der Bundeskanzler, die Bundesminister und die Parlamentarischen Staatssekretäre neben ihren Ministerbezügen noch drei Viertel der Kostenpauschale von Bundestagsabgeordneten, also jährlich etwa 54 000 DM, steuerfrei erhalten.
6. Die Altersentschädigung für *ehemalige* Abgeordnete sollte auf die Bezugsgröße von 10 366 DM festgeschrieben werden, wie dies nach dem Gesetzentwurf der CDU/CSU und SPD auch für das Übergangsgeld vorgesehen ist.
7. Die Altersrente für *künftige* Abgeordnete sollte, wenn man ihre Finanzierung nicht ohnehin in die Hand der Abgeordneten selbst legt, umgewandelt und abgesenkt werden (ohne Sockel, zwei Prozent je Jahr, Vollversorgung von 60 Prozent nach 30 Mandatsjahren; Zahlungsbeginn frühestens mit dem 63. Lebensjahr). Dies entspricht dem Vorschlag einer Reihe von Sachverständigen-Kommissionen.
8. Die Altersrente amtierender Abgeordneter sollte sich entsprechend den jeweiligen Jahren nach dem bisherigen Recht und nach dem zukünftigen Recht erst nach Inkrafttreten der Neuregelung richten.
9. Das Übergangsgeld für ehemalige und für amtierende Abgeordnete sollte so geregelt werden, wie der Gesetzentwurf dies vorsieht.
10. Das Übergangsgeld für künftige Abgeordnete sollte entsprechend der Vorschlägen der Kissel-Kommission gestaltet werden (maximal auf ein Jahr, Anrechnung anderweitiger Bezüge ab dem 2. Monat, Absenkung auf 75 Prozent der Entschädigung); über die Kissel-Kommission hinausgehend sollte es kein Übergangsgeld in den Versorgungsstand geben und nur ein stark eingeschränktes bei Bestehen eines Wiedereinstellungsanspruchs in den öffentlichen Dienst.

11. Das überholte Privileg, daß der Bundeskanzler, die Bundesminister und Parlamentarischen Staatssekretäre neben ihren Ministerbezügen noch die Hälfte der Abgeordnetenentschädigung zusätzlich erhalten, muß beseitigt werden, wie dies auch der niedersächsische Landtag getan hat. Andere Länder haben die Zahlungen an Minister immerhin auf ein Viertel der Entschädigung abgesenkt.
12. Zugleich muß das überzogene Übergangsgeld von Bundesministern eingedämmt werden. Es hatte früher die Funktion einer Ersatzrente und hat mit der Einführung der Altersrente für Minister insoweit seine Funktion verloren.
13. Spenden an Abgeordnete stehen immer im »Dunstkreis der Korruption« (Theodor Eschenburg). Spenden sollten deshalb verboten werden, wie dies auch die Parteienfinanzierungskommission beim Bundespräsidenten verlangt hatte. Ebenso müssen wirksame Vorkehrungen gegen sogenannte Berater- und Scheinarbeitsverträge getroffen werden.
14. Erforderlich ist schließlich eine Änderung des Bundestagswahlrechts, damit die Bürger Einfluß auf die Auswahl der Abgeordneten erhalten. Dies könnte durch Einführung von Kumulieren und Panaschieren geschehen. Die CDU Nordrhein-Westfalens hat dies mit Recht nicht nur für die Landtags-, sondern auch für die Bundestagswahl vorgeschlagen. Ein Hauptproblem der Bezahlung von Politikern liegt darin, daß der Bürger keine Möglichkeit hat, auf ihre Auswahl Einfluß zu nehmen und damit selbst zu entscheiden, ob sie verdienen, was sie verdienen. Dem (und manchem anderen) kann durch Änderung des Wahlrechts entgegengewirkt werden.

Mit der Realisierung der vorstehenden 14 Eckpunkte wäre nach Auffassung des Verfassers die Grundlage für eine einwandfreie und akzeptable Gesamtregelung gelegt.

Anhang

Verzeichnis der Tabellen und Schaubilder

Tabellen 2, 3, 4, 6, 8, 9, 11, 12, 13, 14 und 15

Tabelle 2: *Hochrechnung der Abgeordnetenentschädigung auf der Basis des Gesetzentwurfes der Fraktionen der CDU/CSU und SPD in den Jahren 2000 bis 2023 in DM monatlich (Annahme: Wachstum des Bundesrichtergehaltes 3 v.H. jährlich)*

Jahr	Bezugsgröße Bundesrichterbezüge	Abzug 1/365	Summe
Spalte Nr.	(1)	(2)	(3)
2000	16 451[1]	45	**16 406**
2005	19 071	52	**19 019**
2010	22 109	61	**22 048**
2015	25 630	70	**25 560**
2020	29 713	81	**29 631**
2021	30 604	84	**30 520**
2022	31 522	86	**31 436**
2023	32 468	89	**32 379**

[1] Ausgangsbetrag von 16 451 DM entnommen aus Tabelle 1, S. 30 f. Auf- und Abrundungen der Pfennigbeträge.

Tabelle 3: *Gehalt eines Bundesrichters der Besoldungsgruppe R8 (Vorsitzender Richter) an einem obersten Bundesgericht in den Jahren 1995 bis 2000*

Jahr	Grund-gehalt	Orts-zuschlag	Ministe-rialzulage	Son-stiges	Sonderzu-wendung	Gesamt-bezüge	Differenz Vorjahr	in %
1995[1]	11 983	1 261	829	70	13 882	**15 300**		
1995[2]	12 366	1 301	829	73	13 841	**15 722**	423	**2,75**
1996	12 762	1 343	829	75	14 258	**16 197**	475	**3,04**
1997	13 170	1 386	829	77	14 689	**16 687**	490	**3,04**
1998	13 592	1 430	829	80	15 134	**17 192**	505	**3,03**
1999	14 027	1 476	829	82	15 593	**17 713**	522	**3,02**
2000	14 475	1 523	829	85	16 067	**18 252**	538	**3,01**

Ein Zwölftel der Jahresbezüge in DM, ohne Urlaubsgeld.
Auf- und Abrundungen der Pfennigbeträge.
[1] 1. Januar; [2] 1. Mai.

Tabelle 4: *Gehalt eines Bundesrichters der Besoldungsgruppe R10 (Präsident) an einem obersten Bundesgericht in den Jahren 1995 bis 2000*

Jahr	Grund-gehalt	Orts-zuschlag	Ministe-rialzulage	Son-stiges	Sonderzu-wendung	Gesamt-bezüge	Differenz Vorjahr	in %
1995[1]	15 975	1 260	829	70	17 796	**19 618**		
1995[2]	16 486	1 301	829	73	17 755	**20 169**	550	**2,81**
1996	17 014	1 343	829	75	18 298	**20 786**	617	**3,08**
1997	17 558	1 386	829	77	18 858	**21 422**	637	**3,06**
1998	18 120	1 430	829	80	19 436	**22 079**	657	**3,09**
1999	18 700	1 476	829	82	20 033	**22 757**	678	**3,05**
2000	19 299	1 523	829	85	20 649	**23 457**	700	**3,08**

Ein Zwölftel der Jahresbezüge in DM, ohne Urlaubsgeld.
Auf- und Abrundungen der Pfennigbeträge.
[1] 1. Januar; [2] 1. Mai.

Tabelle 6: *Bezugsgrößen für die Altersrente von* amtierenden *und ehemaligen Bundestagsabgeordneten nach dem Gesetzentwurf der Fraktionen der CDU/CSU und SPD in den Jahren 1995 bis 2000, in DM monatlich*

Jahr	Bezugsgröße Richtergehalt R6[1]	davon nach § 35a Entwurf %	Betrag	Steigerung absolut[2]	gegen Vorjahr in %[3]
1995	13 789	78	**10 756**	390	**3,74**
1996	14 617	80	**11 693**	615	**5,54**
1997	15 055	82	**12 345**	652	**5,61**
1998	15 507	84	**13 026**	680	**5,51**
1999	15 972	86	**13 736**	710	**5,47**
2000	16 451	88	**14 477**	780	**5,69**

Fußnoten:

1 Zur Berechnung des Bundesrichtergehalts R6: Ausgangsbetrag 1. 1. 1995 DM 13 789. Dieser Betrag wurde für jedes Jahr um 3% hochgerechnet, vgl. Anmerkung 2 der Tabelle 1, S. 31. Es wird davon ausgegangen, daß die Besoldungserhöhungen ab 1996 auf den Januar zurückwirken.

2 Die Steigerung für 1995 wurde gegenüber dem derzeit geltenden Betrag von 10 366 errechnet.

3 Die Gesamtsteigerung der Bezugsgrößen (von 10 366 auf 14 477) beträgt 39,65%.

Tabelle 8: *Entwicklung der Rentenanwartschaft eines amtierenden Abgeordneten, der 1994 bereits acht Jahre im Bundestag war, in den Jahren 1994 bis 2002.*

Jahr des Ausscheidens	Jahre der Zugehörigkeit zum BT	Bezugsgröße nach § 35a in DM	davon % nach § 20 i. V. m. § 35a Entwurf	Betrag der Altersentschädigung pro Monat in DM	Steigerung pro Jahr der Mitgliedschaft in %
Spalte Nr.	(1)	(2)	(3)	(4)	(5)
1995	9	10 756	39	4 195	
1996	10	11 693	43	5 028	19,84
1997	11	12 345	47	5 802	15,41
1998	12	13 026	51	6 643	14,46
1999	13	13 736	55	7 555	13,76
2000	14	14 477	59	8 541	13,54
2001	15	14 911	63	9 394	9,98
2002	16	15 359	67	10 290	9,50

Tabelle 9: *Entwicklung der Rentenanwartschaft eines amtierenden Abgeordneten, der 1994 bereits zwölf Jahre im Bundestag war, in den Jahren 1994 bis 2002.*

Jahr des Ausscheidens	Jahre der Zugehörigkeit zum BT	Bezugsgröße nach § 35a in DM	davon % nach § 20 i. V. m. § 35a Entwurf	Betrag der Altersentschädigung pro Monat in DM	Steigerung pro Jahr der Mitgliedschaft in %
Spalte Nr.	(1)	(2)	(3)	(4)	(5)
1995	13	10 756	55	5 916	
1996	14	11 693	59	6 899	16,62
1997	15	12 345	63	7 778	12,74
1998	16	13 026	67	8 727	12,25
1999	17	13 736	71	9 753	11,75
2000	18	14 477	75	10 858	11,80
2001	19	14 911	75	11 184	3,00
2002	20	15 359	75	11 519	2,99

Zu Tabellen 8 und 9 vergleiche Legende zu Schaubild 3, S. 58.

Tabelle 11: *Gehalt eines Ministerialrats der Besoldungsgruppe B3 bei einer obersten Bundesbehörde in den Jahren 1975 bis 1982 und 1995 (1/12 der Jahresbezüge in DM)*

Jahr[1]	Grundgehalt	Ortszuschlag	Ministerialzulage	Sonstiges	Sonderzuwendungen[2]	Gesamtbezüge[3]	Differenz Vorjahr	in %[4]
1. 1. 1975	4 579	671	572	100[5]	5 822	**6 316**		
1. 2. 1976	4 808	687	572		6 067	**6 573**	257	**4,07**
1. 2. 1977	5 063	723	572	250[6]	6 359	**6 909**	336	**5,11**
1. 3. 1978	5 291	756	572	150	6 619	**7 183**	274	**3,97**
1. 3. 1979	5 502	786	572	300[7]	6 861	**7 458**	275	**3,82**
1. 3. 1980	5 849	836	572	300	7 257	**7 887**	429	**5,75**
1. 5. 1981	6 101	872	572	540[8]	7 545	**8 219**	332	**4,21**
1. 7. 1982[9]	6 320	903	572	340[10]	7 796	**8 474**	255	**3,11**

Jahr	Grundgehalt	Ortszuschlag	Ministerialzulage	Stellenzulage	Urlaubsgeld	Sonderzuwendung	Gesamtbezüge	Differenz	in %
1. 1. 1995	8 825	1 261	572	70	500	10 530	**11 648**		
1. 5. 1995[11]	9 108	1 301	572	73	500	10 867	**12 001**	353	**3,04**

1 Die angegebenen Daten sind die des jeweiligen Inkrafttretens der Gesetze.

2 Sonderzuwendung nach dem Gesetz über die Gewährung einer jährlichen Sonderzuwendung; allerdings nach BBVAnpG 94 für 1. 1. 1995 nach dem Stand von Dezember 1993 berechnet, für 1. 5. 95 ebenfalls um 3,2% erhöht.

3 Formel: ([Grundgehalt + Ortszuschlag + Ministerialzulage + Sonstiges] x 12 + Sonstiges + Sonderzuwendung)/12 = Gesamtbezüge im monatlichen Mittel.

4 Die Gesamtsteigerung des Betrages von 1978 von 7 183 DM auf den heutigen von 12 001 DM beträgt 67,07%.

5 Einmalige Sonderzahlung in Höhe von 100 DM; gerechnet als 1/12 des durchschnittlichen Monatsgehaltes.

[6] Erstmals Urlaubsgeld nach dem Urlaubsgeldgesetz (150 DM) und weitere einmalige Sonderzahlung (100 DM).

[7] Urlaubsgeld erhöht nach Art. 2 BBVEG 79 (BGBl. 1285).

[8] Nach §§ 5 ff. BBVAnpG 81 wurden 120 DM je für die Monate März und April als Sonderzahlung gewährt.

[9] Der zum 1. 1. 1982 eingeführte § 41a BBesG, der eine Kürzung des Ortszuschlages anordnete, wurde bis dahin bereits wieder aufgehoben (BGBl. 1982 S. 1835; § 1).

[10] Beinhaltet eine einmalige Sonderzahlung in Höhe von 40 DM nach §§ 5 ff. BBVAnpG 82.

[11] Auf den Bezügen vom 1. 1. 95 basierende Erhöhung um 3,2%; der Unterschied zur letzten Spalte ergibt sich daraus, daß die Ministerialzulage nicht erhöht wird.

Tabelle 12: *Gehalt eines Ministerialdirigenten der Besoldungsgruppe B 6 bei einer obersten Bundesbehörde in den Jahren 1975 bis 1979 und 1995 (1/12 der Jahresbezüge in DM)*

Jahr[1]	Grundgehalt	Ortszuschlag	Ministerialzulage	Sonstiges	Sonderzuwendung[2]	Gesamtbezüge	Differenz Vorjahr	in %[3]
1. 1. 1975[4]	5 562	671	695	100[5]	6 929	**7 514**		
1. 2. 1976	5 841	687	695		7 223	**7 825**	311	**4,13**
1. 2. 1977	6 150	723	695	100[6]	7 569	**8 208**	383	**4,90**
1. 3. 1978	6 427	756	695		7 878	**8 535**	327	**3,99**
1. 3. 1979	6 684	786	695		8 165	**8 846**	311	**3,64**
1. 1. 1995	10 720	1 261	695	70[7]	12 510	**13 789**	4 943	**55,86**
1. 5. 1995[8]	11 063	1 301	695	73	12 911	**14 208**	419	**3,06**

1 Die angegebenen Daten sind die des jeweiligen Inkrafttretens der Gesetze.

2 Sonderzuwendung nach dem Gesetz über die Gewährung einer jährlichen Sonderzuwendung; allerdings nach BBVAnpG 94 für 1. 1. 1995 nach dem Stand von Dezember 1993 berechnet, für 1. 5. 1995 ebenfalls um 3,2% erhöht.

3 Die Gesamtsteigerung des Betrages von 1978 von 8 535 DM auf den heutigen von 14 208 beträgt 66,46%.

4 Einschließlich der Erhöhung vom 6. 8. 1975 (BGBl I 2089).

5 Einmalige Sonderzahlung in Höhe von 100 DM; verrechnet als 1/12 des durchschnittlichen Monatsgehalts.

6 Weitere einmalige Sonderzahlung.

7 Allgemeine Stellenzulage nach Anlage I Nr. 27 BBesG.

8 Auf den Bezügen vom 1. 1. 1995 basierende Erhöhung um 3,2%; der Unterschied zur Prozentangabe in der letzten Spalte ergibt sich daraus, daß die Ministerialzulage nicht erhöht wird. Zur Sonderzuwendung siehe Fußnote 2.

Tabelle 13: *Entwicklung von Bruttolohn- und -gehaltssumme je beschäftigtem Arbeitnehmer in DM (bis 1990 früheres Bundesgebiet, ab 1991 Deutschland insgesamt)*

Jahr	Durchschnittliche Bruttolohn- und -gehaltssumme je Jahr	Steigerung in %	Ein Zwölftel
1973	18 706		1 559
1974	20 730	10,73	1 728
1975	22 019	6,19	1 835
1976	23 537	6,83	1 961
1977	26 133	10,90	2 178
1978	26 457	1,23	2 205
1979	27 949	5,67	2 329
1980	29 789	6,62	2 482
1981	31 223	4,88	2 602
1982	32 469	3,99	2 706
1983	33 514	3,24	2 793
1984	34 533	3,06	2 878
1985	35 548	2,94	2 962
1986	36 824	3,57	3 069
1987	37 980	3,12	3 165
1988	39 113	2,95	3 259
1989	40 281	3,04	3 357
1990	42 025	4,36	3 502
1991	39 665	-5,66	3 305
1992	43 677	10,03	3 640
1993	45 502	4,20	3 792
1994	46 653	2,53	3 888
1995	48 185	3,22	4 015
1996	50 197	4,23	4 183
1997	52 315	4,24	4 360
1998	54 521	4,19	4 543
1999	56 821	4,14	4 735
2000	59 150	4,10	4 929

Quelle: Statistisches Bundesamt, Volkswirtschaftliche Gesamtrechnungen, Fachserie 18, Reihe 2, Vorbericht 1994; ab 1995 Schätzung auf Grundlage offizieller Projektion

Tabelle 14: *Beitragssätze in der Sozialversicherung einschließlich Arbeitgeberbeiträge in Prozent*

Jahr	Rentenversicherung	Arbeitslosenversicherung	Krankenversicherung	Pflegeversicherung	insgesamt
1990	18,7	4,3	12,6		35,6
1991	17,7	6,8	12,2		36,7
1992	17,7	6,3	12,7		36,7
1993	17,5	6,5	13,4		37,4
1994	19,2	6,5	13,4		39,1
1995	18,6	6,5	13,4	1	39,5
1996	19,1	6,5	13,2	1,7	40,5
1997	19,3	6,5	13,2	1,7	40,7
1998	19,5	6,5	13,2	1,7	40,9
1999	19,8	6,5	13,2	1,7	41,2

Quelle: Karl-Bräuer-Institut des Bundes der Steuerzahler.

Tabelle 15: *Altersrente nach der Rentenversicherung 1994 bis 2000, monatlich in DM*

Jahr	Altersrente
1994	2 070
1995	2 080
1996	2 105
1997	2 173
1998	2 213
1999	2 256
2000	2 302

Die Tabelle zeigt die voraussichtliche Entwicklung der Altersrente eines Versicherten mit durchschnittlichem Bruttojahresarbeitsentgelt aller Versicherten der Arbeiter- und der Angestelltenversicherung und nach 45 anrechnungsfähigen Versicherungsjahren.

Quelle: Rentenversicherungsbericht 1995,
Bundestagsdrucksache 13/2017, Übersicht B11.

Anmerkungen

Kapitel 1

1 Unter »Diäten« werden im folgenden alle öffentliche Bezüge der Abgeordneten verstanden (Entschädigung, Kostenpauschale und sonstige finanzielle Kostenerstattungen, Altersrente [»Altersentschädigung«], Übergangsgeld etc.).

2 Diese Gesetzentwürfe sind für jeden Interessierten bei folgender Adresse im vollständigen Wortlaut erhältlich: Bundesanzeiger Verlagsgesellschaft mbH, Postfach 1320, 53003 Bonn, Tel. 02 28/3 82 08 40. Gesetzentwurf der Fraktionen der CDU/CSU und SPD eines Achtzehnten Änderungsgesetzes zur Änderung des Abgeordnetengesetzes und eines Fünfzehnten Gesetzes zur Änderung des Europaabgeordnetengesetzes vom 28. 6. 1995 (Bundestagsdrucksache 13/1825) und Gesetzentwurf der Fraktionen der CDU/CSU und SPD eines Gesetzes zur Änderung des Grundgesetzes vom 28. 6. 1995 (Bundestagsdrucksache 13/1824).

3 Deutscher Bundestag, Stenographischer Bericht, 47. Sitzung vom 29. 6. 1995, S. 3851 bis 3866.

Kapitel 2

1 Frankfurter Allgemeine Zeitung vom 15. 7. 1991.

2 Zuletzt in: Politik und Geld, Finanz- und Steuer-Information Nr. 34 des Präsidiums des Bundes der Steuerzahler e. V., Juni 1995, S. 2 f. Vgl. auch *Hans Apel*, Die deformierte Demokratie, 1991, 270 f.

3 Näheres Kapitel 4, S. 86.

4 Kapitel 4 S. 90.

5 Frankfurter Allgemeine Zeitung vom 18. 6. 1993; *ders.*, Zur politischen Befindlichkeit Deutschlands im Spätherbst 1993, Vortrag an der Hochschule für Verwaltungswissenschaften Speyer am 15. Dezember 1993, Speyerer Vorträge, Heft 25, 23 f.

6 Speyerer Tagespost vom 18. 6. 1993.

7 Bild-Zeitung vom 3. 11. 1994.

8 Frankfurter Allgemeine Zeitung vom 5. 11. 1994.

9 Sonntag aktuell vom 12. 3. 1995.

10 Speyerer Tagespost vom 23. 1. 1995.

11 Im folgenden wird der Begriff »Altersrente« dem technischen und wenig allgemeinverständlichen Begriff »Altersentschädigung« vorgezogen.
12 Presseerklärung des Deutschen Bundestags vom 22. 6. 1995. Die Rechtsstellungskommission hatte ihre »Vorlage« mit Schreiben vom 16. 6. 1995 dem Ältestenrat zugeleitet, der sie sich in einer Sitzung vom 22. 6. 1995 zu eigen gemacht hatte.
13 Beschlußempfehlung und Bericht des Ältestenrates vom 16. Juni 1995 zu den Empfehlungen der Kommission des Ältestenrates für die Rechtstellung der Abgeordneten zu den Vorlagen vom 16. Juni 1995, Bundestagsdrucksache 13/1803 vom 26. 6. 1995. Darin wird unter Ziffer IV dem Bundestag empfohlen, »gemäß den als Anlage beigefügten« Empfehlungen der Rechtstellungskommission den finanziellen Status der Bundestagsabgeordneten neu zu ordnen.
14 Näheres unten, insbesondere in Kapitel 3.
15 Deutscher Bundestag, Stenographischer Bericht, 47. Sitzung vom 29. 6. 1995, S. 3851 bis 3866.
16 Gesetzentwurf der Fraktionen der CDU/CSU und SPD vom 28. 6. 1995, Bundestagsdrucksache 13/1825.
17 Empfehlungen der Kommission unabhängiger Sachverständiger zur Parteienfinanzierung, Bundestagsdrucksache 12/4425 vom 19. 2. 1992, S. 41.
18 Dazu unten Kapitel 4 mit Schaubild, S. 74.
19 Dazu unten Kapitel 5.
20 Dazu unten Kapitel 3, S. 40 ff. mit Schaubildern S. 53 f. und S. 55.
21 Vgl. einschlägige Presseberichte, zum Beispiel Rheinpfalz vom 12. 6. 1995: »Wie das Kommissionsmitglied Wiefelspütz (SPD) erläuterte, könnte die erste Stufe der Anhebung für den Herbst beschlossen werden. Wenn der Betrag von 14 000 Mark erreicht sei, sollte es nach Ansicht des SPD-Politikers im Rahmen einer Parlamentsreform eine klare Regelung für weitere Erhöhungen geben.«
22 *Süssmuth*, Deutscher Bundestag, Sitzung vom 29. 6. 1995, Protokoll S. 3853.
23 *Hirsch*, Deutscher Bundestag, Sitzung vom 29. 6. 1995, Protokoll S. 3861.
24 Streitfall »Diäten erhöhen!«, Die Woche vom 30. 6. 1995, S. 2.

1 Statt vieler: Bericht der Kissel-Kommission vom 3. 6. 1992, Bundestagsdrucksache 12/5020, S. 5: »Glaubwürdigkeit erfordert die Nachvollziehbarkeit und Verstehbarkeit von Regelungen. Es war deshalb ein besonderes Anliegen der Kommission, durch die Überprüfung des Abgeordnetenrechts Wege zu mehr Klarheit der Bestimmungen zu finden und Lösungsmöglichkeiten vorzuschlagen, die auch für Nichtfachleute durchschaubar sind.«

2 Zudem brächte eine sofortige Erhöhung auf einen Schlag für die wirtschaftlich besonders gewichtigen Altersrenten der amtierenden Abgeordneten keine zusätzliche Erhöhung, weil diese Renten ohnehin erst später zu laufen beginnen.

3 BGBl. I S. 2646.

4 BGBl. I S. 3091.

5 BGBl. I S. 1173.

6 BGBl. I S. 2089.

7 In der Fassung des 2. BesVNG vom 23. 5. 1975, BGBl. I S. 1173 (1238).

8 Gesetz vom 24. 8. 1994, BGBl. I S. 2229.

9 Gesetz vom 20. 12. 1993, BGBl. I S. 2138.

10 Statt vieler: Materialien zu dem von den Fraktionen der SPD, CDU/CSU, FDP eingebrachten Entwurf eines Gesetzes zur Neuregelung der Rechtsverhältnisse der Mitglieder des Deutschen Bundestages vom 30. 6. 1976, Bundestagsdrucksache 7/5531, S. 7: »Eine Sonderzuwendung (13. Monatsgehalt), die ihrer ursprünglichen Natur und Zweckbestimmung nach eine am Ende des Jahres gezahlte Treueprämie bzw. Gratifikation an zu Dienstleistungen Verpflichtete darstellt, ist mit dem Status eines Mitglieds des Bundestages nicht vereinbar«.

11 Es sei denn, die im Jahre 1996 zu beschließende Erhöhung der Beamtenbesoldung erfolgt mit Rückwirkung auf den *1. Januar* 1996.

12 Bundestagsdrucksache 13/1803, S. 10: »Die Beschlußempfehlung sieht eine jährliche Anpassung der Abgeordnetenentschädigung um 8,3 v. H. bzw. 7,67 v. H., 7,12 v. H., 6,65 v. H. in vier gleichen Teilbeträgen (je 860,75 DM), insgesamt (bezogen auf die aktuelle Entschädigung von 10 366 DM) um 33,21 v. H. vor, wobei die Höhe der vor dem 1. Mai 1995 gültigen R6-Besoldung erst am 1. Januar 1998 erreicht wird.«

13 Bundestagsdrucksache 13/1803, S. 11.

14 Vgl. die Tabellen im Anhang der Rechtsstellungskommission, Bundestagsdrucksache 13/1803, S. 20 bis 22.
15 Zu den zugrunde liegenden Annahmen siehe Tabelle 1, S. 30 f..
16 Näheres zur Altersrente amtierender Abgeordneter siehe S. 47.
17 Die »Amtsbezüge« setzen sich zusammen aus einem Amtsgehalt von ca. 21 200 DM und einem Ortszuschlag (verheiratet, ohne berücksichtigungsfähige Kinder) von 1600 DM. Stand: 1. 5. 1995. Dazu Näheres bei *von Arnim*, Die Partei, der Abgeordnete und das Geld, 1991, S. 178 f.
18 Näheres bei *von Arnim*, Der Staat als Beute, 1993, 200 ff.
19 BVerfGE 40, 296 (329 f.). In einem späteren Urteil hat das Bundesverfassungsgericht eine Nichtanrechnung als »wenig folgerichtig« bezeichnet (BVerfGE 76, 256 [343].)
20 Bundestagsdrucksache 12/5020, S. 18 (Minister), S. 19 (Parlamentarische Staatssekretäre).
21 Die Rechtsstellungskommission erwähnt lediglich, ein Mitglied der Kommission habe »auch zur Kürzung der Entschädigung bei gleichzeitiger Zahlung von Bezügen nach dem Bundesministergesetz« Stellung genommen (Bundestagsdrucksache 13/1803, S. 14), ohne daß sie daraus aber Konsequenzen für ihre Empfehlungen gezogen hätte.
22 Näheres bei *von Arnim*, Die finanziellen Privilegien von Ministern in Deutschland (Heft 74 der Schriften des Karl-Bräuer-Instituts des Bundes der Steuerzahler), 1992, 85 ff.
23 Exakt sind es 5978 DM (§ 12 Abs. 2 AbgG).
24 Näheres bei *von Arnim*, Zweitbearbeitung des Art. 48 GG im Bonner Kommentar (1980), Rn 182; *ders.*, Die Partei, der Abgeordnete und das Geld, 1991, 189 ff.
25 Bundestagsdrucksache 12/5020, S. 11 f.
26 Die hier angegebenen ECU-Beträge wurden vom Präsidium des Europäischen Parlaments für 1995 beschlossen. Die Umrechnungskurse beruhen auf den Angaben eines im Frühjahr 1995 herausgegebenen offiziellen Merkblattes für Europaabgeordnete.
27 Aufschlußreich auch Dahrendorfs zugespitzte Bemerkungen über Europaparlamentarier, sie praktizierten eher Parlaments*spiel* als Parlament.
28 Bundestagsdrucksache 12/5020, S. 11 ff.
29 *von Arnim*, Zweitkommentierung des Art. 48 GG im Bonner Kommentar (1980), Rn 175 ff.; *ders.*, Die Partei, der Abgeordnete und das Geld, 1991, 177 ff., jeweils mit weiteren Nachweisen.
30 BVerfGE 40, 296 (318, 328); 49, 1: Es muß sich um einen wirklich

entstandenen, sachlich angemessenen und begründeten, besonderen, mit dem Mandat verbundenen Aufwand handeln.

31 Bundestagsdrucksache 13/1803, S. 12.

32 Vgl. auch Rechtsstellungskommission, Bundestagsdrucksache 13/1803, S. 11: »Berücksichtigt man die auf die verschiedenen Aufwendungsarten entfallenden Preissteigerungsraten, müßte die Kostenpauschale derzeit um fast 83 Prozent höher angesetzt sein.«

33 Als Beispiele für solchen allgemeinen, also nicht besonderen und damit auch nicht erstattungsfähigen Aufwand nennt *Willi Geiger*: Besuch von gesellschaftlichen Veranstaltungen, Blumen und Geburtstagsgeschenke, Bewirtung von Gästen, Telefonate aus diesen und ähnlichen Anlässen, anspruchsvolle Bekleidung usw. Nicht zum besonderen Aufwand gehören auch die Kosten für die Mitgliedschaft in Vereinen und aus der Wahrnehmung gesellschaftlicher Verpflichtungen (Zeitschrift für Parlamentsfragen 1978, 528).

34 Vgl. zum Beispiel die Presseerklärung des Landtags Thüringen vom 4. 3. 1994.

35 Dazu *von Arnim*, Stellungnahme vom 21. 2. 1995 zur Neuregelung der Abgeordnetendiäten in Thüringen. (Hektographierte Stellungnahme für den Bund der Steuerzahler Thüringen.)

36 dpa-Meldung vom 12. 6. 1995: »Einbußen ... bei der Altersversorgung«; Rheinpfalz vom 13. 6. 1995: »Einschnitte bei der Alterssicherung«; Bild-Zeitung vom 13. 6. 1995: »Dafür soll es weniger Übergangsgelder/Pensionen geben«; Frankfurter Rundschau vom 14. 6. 1995: »Beträchtliche Abstriche sollen die Abgeordneten dagegen bei der Altersentschädigung und beim Übergangsgeld ... hinnehmen«; Die Welt vom 14. 6. 1993: »Im Gegenzug soll es Einschnitte beim Übergangsgeld für ausscheidende Parlamentsmitglieder sowie bei der Alterssicherung geben«; Frankfurter Allgemeine Zeitung vom 14. 6. 1995; Speyerer Tagespost vom 14./15. 6. 1995 samt Kommentar auf Seite 2: »Bei den Pensionen werde deutlich abgespeckt«. Vgl. auch noch Die Woche vom 30. 6. 1995, S. 2: »Im Gegenzug sollen die Übergangsgelder bei einem Ausscheiden aus dem Parlament und die Pensionen der Abgeordneten sinken«.

37 Bundestagsabgeordnete, die im Herbst 1990 (Ende der 11. Legislaturperiode des Bundestags) bereits mindestens sechs Jahre im Bundestag waren und damit nach damals noch geltendem Recht eine Anwartschaft erworben hatten, erhalten ihre Versorgung sogar nach dem noch günstigeren früheren Recht: 35 Prozent nach 6 Jahren im Bundestag, 5 Prozent für jedes weitere Jahr, 75 Prozent nach 16 Jahren (§ 35 AbgG).

38 Dieses Versteckspiel gilt jedenfalls für die stark steigenden Bemessungsbeträge für die Altersrente; dagegen wird der – auf den derzeitigen Stand eingefrorene – Bemessungsbetrag für das Übergangsgeld (10 366 DM) nicht versteckt, sondern in § 35a Abs. 2 Satz 2 ausdrücklich ziffernmäßig genannt.

39 Die Klärung, wie die einzelnen Absätze und Sätze des § 35a zu verstehen sind und zu welchen Ergebnissen sie führen, ist dadurch noch weiter erschwert, daß sie zum Teil widersprüchlich oder sogar eindeutig falsch formuliert sind. Dies stellte sich erst in mehreren Gesprächen heraus, die der Verfasser mit dem zuständigen Referat der Bundestagsverwaltung hatte; dieses hat, vom Verfasser auf die Unstimmigkeiten hingewiesen, bereits Änderungen angekündigt. So soll der mißverständliche und sachlich funktionslose § 35a Abs. 2 Satz 3 im endgültigen Gesetzeswortlaut entfallen; ebenso sollen in Satz 4 die Wörter »und Absatz 2« (weil sie im Jahre 1995 zu einer Minderung der Renten ehemaliger Abgeordneten führten, was nicht beabsichtigt sei), gestrichen werden. Trotz des insoweit zweifelhaften Wortlauts des § 35a Abs. 3 geht die Bundestagsverwaltung im übrigen davon aus, derzeitige Mitglieder des Bundestags könnten ihr Wahlrecht hinsichtlich der Altersentschädigung und des Übergangsgeldes splitten, es also für beide Teile der Altersversorgung unterschiedlich ausüben.

40 Bundestagsdrucksache 13/1803, S. 14.

41 Bundestagsdrucksache 12/5020, S. 23.

42 Vgl. das Vorblatt des Gesetzentwurfs der Fraktionen der CDU/CSU und SPD vom 28. 6. 1995, Bundestagsdrucksache 13/1825, S. 2 (vgl. auch S. 6): »§ 35a des Abgeordnetengesetzes läßt bestehende Ansprüche und Anwartschaften von Abgeordneten und ihren Hinterbliebenen auf Leistungen nach dem Fünften Abschnitt unberührt, ebenso das Vertrauen der Abgeordneten, die bei einer Bewerbung um ein Mandat für die 13. Wahlperiode davon ausgehen durften, daß sie Versorgungsleistungen nach altem Recht erwerben würden.«

43 Vgl. zum Beispiel *Rudolf Scharping*, Parlamentarische Demokratie im Wandel, in: Landeszentrale für politische Bildung (Hg.), Parlamentarische Demokratie in der Krise, 1992, 25 (28): »Politiker sind zu schlecht bezahlt und zu gut versorgt.«

44 Kienbaum-Vergütungsstudie 1990/91, S. 38.

45 *Heinz Evers*, in einer Anhörung des Hessischen Landtags vom 19. 1. 1993, Stenographische Niederschrift der 21. Sitzung des Ältestenrats des Hessischen Landtags vom 19. 1. 1993, S. 51. Evers fährt fort: »Wenn Sie das den 75 Prozent (im öffentlichen Bereich) gegenüber-

stellen, dann verstehen Sie, warum ich sagte: Die sind aus der Sicht der Privatwirtschaft eher eine Überversorgung.«

46 Näheres oben Anmerkung 36.

47 Wortlaut oben in Anmerkung 42.

48 Bundestagsdrucksache 13/1825, S. 6.

49 Der Bundestagspräsident würde (im Falle seiner Wiederwahl) im Jahre 2000 das 1988 übernommene Amt des Präsidenten zwölf Jahre lang ausgeübt haben, so daß nach § 29 Abs. 8 AbgG für die Berechnung der Anrechnungsgrenze die Entschädigung und 12/18 der Amtszulage zugrunde zu legen sind.

50 *von Arnim*, Zweitbearbeitung des Art. 48 GG im Bonner Kommentar (1980), Rn 170 ff.; *ders.*, Die Partei, der Abgeordnete und das Geld, 1991, 164 ff. Das Bundesverwaltungsgericht geht allerdings davon aus, eine strenge Anrechnung sei nicht mehr geboten (BVerwG, NJW 1990, 462 [463]). Doch hat das Gericht dabei ein Urteil des Bundesverfassungsgerichts (BVerfGE 76, 256 [341 ff.]) nicht zutreffend herangezogen; zudem bezog sich das Urteil des Bundesverwaltungsgerichts auf den Fall der Entschädigung eines Mitglieds des Berliner Abgeordnetenhauses, die wegen ihrer relativ geringen Höhe von 4000 DM nicht unbedingt als »Vollalimentation« bezeichnet werden kann.

51 Die Vorschläge der Kissel-Kommission decken sich insoweit mit den Vorschlägen des Verfassers in: Die Partei, der Abgeordnete und das Geld, 1991, 160 ff.

52 Bundestagsdrucksache 12/5020, S. 13 f.

53 Der Verfasser dankt den Mitarbeitern des Bundestags für die Beantwortung der Vielzahl von Fragen, die sich bei der Auslegung der Bestimmungen des Gesetzentwurfs ergaben, und dem Vorsitzenden der Rechtsstellungskommission, Hans-Ulrich Klose, der sie zur Erteilung von Auskünften ermächtigte. Die Einsichtnahme in das Protokoll der Verhandlungen der Rechtsstellungskommission wurde dem Verfasser allerdings bisher verwehrt.

54 Gesetzentwurf der Fraktionen der CDU/CSU und SPD zur Änderung des Grundgesetzes vom 28. 6. 1995, Bundestagsdrucksache 13/1824, S. 4.

1 Diese »Begründung« für die Erhöhung der Entschädigung und die Änderung des Entscheidungsverfahrens durch Koppelung an die Beamten- und Richterbesoldung wird zwar kaum irgendwo deutlich formuliert. Sie klingt aber zumindest an in der Begründung des Gesetzentwurfs der Bundestagsfraktionen der CDU/CSU und SPD zur Änderung des Art. 48 Abs. 3 GG vom 28. 6. 1995, Bundestagsdrucksache 13/1824, S. 1: An der historischen Entwicklung der Abgeordnetenentschädigung lasse sich ablesen, »daß das geltende Recht bei der Festsetzung der Höhe der Entschädigung im Anschluß an die Regelung im Abgeordnetengesetz 1977 keine verläßliche Gewähr dafür bot, daß die jeweils aktuelle Entschädigung im Hinblick auf die allgemeine Einkommensentwicklung auch angemessen war«.

2 Nähere Angaben im Bericht der Präsidentin des Deutschen Bundestags nach § 30 des Abgeordnetengesetzes vom 7. 9. 1994, Bundestagsdrucksache 12/8459, S. 12 (Anlage 3).

3 Gesetz zur Neuregelung der Rechtsverhältnisse der Mitglieder des Deutschen Bundestags vom 18. 2. 1977 (BGBl. I S. 297).

4 Zum 1. 1. 1977 war eine Anhebung auf 4040 DM, zum 1. 2. 1977 war eine Erhöhung auf 4250 DM und zum 1. 3. 1977 auf 4450 DM vorgenommen worden. Vgl. *von Arnim*, Zweitbearbeitung des Art. 48 GG im Bonner Kommentar (1980), Tabelle 1 (S. 48 f.).

5 Nach einer Beispielrechnung eines Beirats unter Vorsitz von Alfred Rosenberg (»Rosenberg-Beirat«) hätte bereits die von diesem Beirat noch vorgeschlagene Festsetzung der Entschädigung auf 7000 DM einem Bundestagsabgeordneten, der über keine weiteren Einkünfte neben dem Abgeordnetengehalt verfügt, auch unter Berücksichtigung der neu eingeführten Versteuerung, netto eine jährliche Verbesserung von 25 387 DM (= 73,3 Prozent) gebracht. (Hinzu kam der wirtschaftliche Wert des vom Rosenberg-Beirat abgelehnten [Materialien, S. 42], dann aber doch eingeführten Anspruchs auf Beihilfe im Krankheitsfall.) Selbst wenn der Abgeordnete andere Einkünfte in Höhe von 36 000 DM jährlich bezogen hätte, hätte die Neuregelung für ihn noch ein Mehr von 12 530 DM bedeutet und nicht einmal für Abgeordnete aus dem öffentlichen Dienst hätte die Neuregelung per Saldo eine Schlechterstellung bewirkt: Der Wegfall des Ruhegehalts aus dem öffentlichen Dienst wäre durch die Anhebung des Abgeordnetengehalts in den meisten Fällen zumindest ausgeglichen worden.) (Rosenberg-Beirat, Materialien, S. 32 (55 f.)

6 Darauf weist ausdrücklich hin: *Hans-Ulrich Derlien*, Germany, The Structure and Dynamics of the Reward System for Bureaucratic and Political Elites, in: Hood/Peters, Rewards at the Top, 1994, 166 (174).

7 Entwicklung der Bruttolohn- und Gehaltssumme pro beschäftigtem Arbeitnehmer. Quellen in Tabelle 13, S. 166.

8 Zum Beispiel *Derlien*, am angegebenen Ort: »If one relates the overall development to inflation and pay trends for private and public employees, it becomes obvious that – apart from in 1977 – the annual rates of increase are similar«. *Erwin Scheuch*, Die Woche vom 30. 6. 1995, S. 2: »Das Einkommen der Abgeordneten ist in den vergangenen 30 Jahren wesentlich schneller gestiegen als das der Arbeitnehmer.«

9 BVerfGE 40, 296 (314 f.).

10 BVerfGE 76, 256 (341–343). Auch eine Teilalimentation wäre nunmehr zulässig. Vgl. *von Arnim*, Die Partei, der Abgeordnete und das Geld, 1991, 140.

11 Bericht des Beirats, abgedruckt in Bundestagsdrucksache 7/5531, S. 32 ff. Die Mitglieder des Beirats sind dort auf S. 33 f. aufgelistet.

12 Bundestagsdrucksache 7/5531, S. 46 f.

13 Bundestagsdrucksache 7/5531, S. 59 f.

14 Bericht und Antrag des 2. Sonderausschusses vom 30. 11. 1976, Bundestagsdrucksache 7/5903, S. 12; ebenso der Berichterstatter Abg. Dr. Schmitt-Vockenhausen bei der dritten Lesung des Gesetzentwurfs am 8. 12. 1976, Bundestagsprotokoll, S. 18569.

15 BVerfGE 40, 296 (329).

16 Am angeführten Ort (Anmerkung 14).

17 Bundestagsdrucksache 7/5531, S. 51.

18 Dieses zeitliche Zusammentreffen hob neben anderen *Ingrid Matthäus* hervor, in: Die Zeit vom 25. 4. 1980.

19 Bundestagsdrucksache 7/5531, S. 40. Das bestätigte auch der Sonderausschuß ausdrücklich, a. a. O., S. 57: »Der Beirat stellt in seinem Bericht fest, daß sich aufgrund seiner Empfehlung zur Höhe der Entschädigung die Mitglieder des Bundestages finanziell ebenso stehen wie ein Ministerialrat (B 3).«

20 Tabelle 11, Seite 163 f.

21 Bundestagsdrucksache 13/1803, S. 10: »Die Abgeordnetenentschädigung soll sich künftig wieder – wie bei der erstmaligen Festsetzung der Entschädigung im Abgeordnetengesetz 1977 – an den Jahresbezügen eines hauptamtlichen Oberbürgermeisters von Kommunen zwischen 100 000 und 250 000 Einwohnern (B6) bzw. von Richtern an Obersten Bundesgerichten (R6) orientieren.«

22 Die Behauptung wird auch dadurch nicht richtiger, daß auch die Kissel-Kommission in ihrem Bericht davon sprach, die Abgeordnetenentschädigung habe 1977 den Jahresbezügen eines nach B6 besoldeten Landrats in einer bayerischen Kommune bis zu 150 000 Einwohnern entsprochen (Bundestagsdrucksache 12/5020, S. 8). Wahrscheinlich ist die Kissel-Kommission dabei von den Angaben ausgegangen, die sich im Bericht des Rosenberg-Beirats finden, die sich aber eben nicht auf die Jahre 1977 oder 1978 bezogen, sondern ausdrücklich auf das Jahr *1975* (Bundestagsdrucksache 7/5531, S. 53) und deshalb *nicht* vergleichbar sind.

23 Auch das Problem der sogenannten Parteisteuern von Abgeordneten wurde nicht angegangen.

24 *Willi Geiger*, Der Abgeordnete und sein Beruf, Zeitschrift für Parlamentsfragen 1978, 522 (527).

25 BVerfGE 49, 1.

26 *Geiger*, Zeitschrift für Parlamentsrecht 1978, 522 (532 f.). Geiger sprach von »Abusus«. Vgl. auch *von Arnim*, Zweitbearbeitung des Art. 48 GG im Bonner Kommentar (1980), Rn 132.

27 *Geiger*, a. a. O., 533.

28 A. a. O.

29 Frankfurter Allgemeine Zeitung vom 24. 5. 1978; Süddeutsche Zeitung vom 2. 10. 1978.

30 *von Arnim*, Reform der Abgeordnetenentschädigung, 1976 (Heft 35 der Schriften des Karl-Bräuer-Instituts des Bundes der Steuerzahler); *ders.*, Das Verbot von Interessentenzahlungen an Abgeordnete, Oktober 1976.

31 *von Arnim*, Zweitbearbeitung des Art. 48 GG im Bonner Kommentar (1980).

32 Wenn dagegen massive Erhöhungen vorgenommen werden, pflegen die Abgeordneten diese regelmäßig zu Anfang einer Legislaturperiode vorzunehmen in der Hoffnung, daß selbst ungerechtfertigte Privilegierungen in eigener Sache bis zu den nächsten Wahlen wieder vergessen sein werden.

33 Frankfurter Allgemeine Zeitung vom 23. 10. 1980.

34 *Rolf Zundel*, Blamage für das Parlament? Es droht ein zweites Diäten-Verfahren in Karlsruhe, Die Zeit vom 11. 4. 1980.

35 *Ingrid Matthäus*, Heimliches und peinliches Getue, Die Zeit vom 25. 4. 1980.

36 Diese Zusammenhänge und Hintergründe werden mit Recht herausgestellt von *Derlien*, in: Hood/Peters, Rewards at the Top, 1994, 166 (174 f.).

37 BVerfGE 64, 301.

38 Das galt um so mehr, als ein Urteil des Bayerischen Verfassungsgerichtshofs vom 15. 12. 1982, das auf die Popularklage des Bundes der Steuerzahler Bayern e. V. ergangen war, die Kostenpauschale bayerischer Landtagsabgeordneter von damals monatlich 3800 DM sogar verfassungsrechtlich absegnete. Das geschah allerdings mit der grotesk-unhaltbaren Begründung, die Konkurrenz unter den Abgeordneten werde quasi automatisch dazu führen, daß sie ihre Kostenpauschale auch ausschöpften, eine Begründung, die auf einen Freibrief hinauslief, weil sie geeignet war, Kostenpauschalen praktisch in beliebiger Höhe zu rechtfertigen (Bayerischer Verfassungsgerichtshof, Deutsches Verwaltungsblatt 1983, 706 [710] mit kritischer Anmerkung *von Arnim*); vgl. auch *von Arnim*, Macht macht erfinderisch, 1988, 42 ff.; *ders.*, Die Partei, der Abgeordnete und das Geld, 1991, 177 ff.

39 Bericht des Präsident des Deutschen Bundestags nach § 30 des Abgeordnetengesetzes vom 11. 10. 1993, Bundestagsdrucksache 10/464, S. 4.

40 Zweites Gesetz zur Änderung des Abgeordnetengesetzes und des Europaabgeordnetengesetzes vom 22. 12. 1983, BGBl. I S. 1513.

41 Beschlußempfehlung und Bericht des Ausschusses für Wahlprüfung, Immunität und Geschäftsordnung vom 17. 11. 1983, Bundestagsdrucksache 10/615, S. 7.

42 Bundestagsdrucksache 10/464.

43 Bundestagsdrucksache 10/615, S. 7.

44 Bundestagsdrucksache 10/464, S. 3 f.

45 Es ist deshalb nur konsequent, wenn der Abgeordnete *Gerhard Scheu* in seiner Vorlage für die Rechtsstellungskommission vom 22. 5. 1995, S. 1 f., ausdrücklich noch davon ausging, der von 1977 bis 1982 eingetretene Rückstand sei – angesichts »der angespannten Lage der öffentlichen Haushalte wie auch der allgemeinen wirtschaftlichen Entwicklung« – »nicht mehr aufholbar«, und nur eine Anhebung von je 2,88 Prozent in den vier Jahren 1993 bis 1996 vorschlug.

46 Bundestagsdrucksache 11/7348 vom 15. 6. 1990.

47 Bericht der Kommission zur Erörterung von Fragen der Abgeordnetenentschädigung vom 16. 5. 1989, S. 30 ff.

48 Die Mängel des finanziellen Status von Bundestagsabgeordneten und die Einseitigkeit des Berichts des besagten Berater-Gremiums wurden ausführlich behandelt in *von Arnim*, Die Partei, der Abgeordnete und das Geld, 1991, 133 ff., 225 ff.

49 Stellungnahme der Kommission nach Art. 23 Abs. 2 des Bayerischen Abgeordnetengesetzes vom 28. 11. 1991, S. 7 f.
50 Anträge der rheinland-pfälzischen Abgeordneten Grützmeyer (Die Grünen) von 1990 und der thüringischen Abgeordneten Büchner und Geißler (ebenfalls Die Grünen) von 1991.
51 Bericht und Empfehlungen der Unabhängigen Kommission zur Überprüfung des Abgeordnetenrechts vom 3. 6. 1993, Bundestagsdrucksache 12/5020.
52 Übersicht über Einsetzungsbeschlüsse, Aufträge, Mitglieder und Inhalt der Berichte (soweit seinerzeit schon vorliegend) im Bericht der Kissel-Kommission, Bundestagsdrucksache 12/5020, S. 84 ff., 91 ff.
53 Bericht und Empfehlungen der Unabhängigen Kommission zur Überprüfung des Abgeordnetenrechts vom 3. 6. 1993, Bundestagsdrucksache 12/5020, S. 10.
54 Vorschläge der Diätenkommission zur Neuordnung der Diäten-Regelung für den rheinland-pfälzischen Landtag vom Dezember 1992, S. 11.
55 Bericht der vom Landtag von Baden-Württemberg eingesetzten unabhängigen Diätenkommission vom 15. 7. 1993, S. 13. – Ähnlich auch Empfehlungen und Vorschläge der hamburgischen Enquête-Kommission »Parlamentsreform«, Bürgerschaft Freie und Hansestadt Hamburg, Drucksache 14/2600.
56 Schlußbericht der von-Hassel-Kommission zur Parlamentsreform vom April 1991, S. 9.
57 Bundestagsdrucksache 12/8459, S. 12.
58 Bericht der Präsidentin des Deutschen Bundestags nach § 30 des Abgeordnetengesetzes vom 7. 9. 1994, Bundestagsdrucksache 12/8458, S. 5.

Kapitel 5

1 So auch die beiden Kommissionen, die eine Niveau-Erhöhung von Bundestagsabgeordneten vorgeschlagen haben: »Bericht der unabhängigen Persönlichkeiten über die Beratung der Präsidentin bei Überprüfung der für die Mitglieder des Deutschen Bundestages bestehenden materiellen Regelungen und Bestimmungen« vom 15. 6. 1990, Bundestagsdrucksache 11/7398, S. 3 ff., und »Bericht und Empfehlungen der Unabhängigen Kommission zur Überprüfung des Abgeordnetenrechts« vom 3. 6. 1993, Bundestagsdrucksache 12/5020. Auf beide

beruft sich die Rechtsstellungskommission bei der geforderten massiven Erhöhung der Diäten von Bundestagsabgeordneten (Bundestagsdrucksache 13/1803, S. 10): »Es bestehen Zweifel an der Angemessenheit der Abgeordnetenentschädigung. Sie kommen in allen Berichten nach § 30 Abgeordnetengesetz seit 1979 zum Ausdruck. Zwei unabhängige Gremien, das Gremium unabhängiger Berater (1990) und die Unabhängige Kommission zur Überprüfung des Abgeordnetenrechts (1993), haben diese Zweifel nachdrücklich bestätigt und zum Teil deutliche Anhebungen vorgeschlagen.«

2 Zur Auseinandersetzung mit möglichen Einwänden gegen diese Argumentation siehe die Ausführungen in Kapitel 4, S.72 ff..

3 Auf die eingehende Darstellung auch dieses Punkts in Kapitel 4, S. 79 f. sei verwiesen.

4 *Hans Apel*, Die deformierte Demokratie, 1991, 231 ff.

5 *Peter Häberle*, Neue Juristische Wochenschrift 1976, 537 (538); *Hans-Peter Schneider*, Alternativ-Kommentar, Art. 48, Rn 11; *Hans-Heinrich Trute*, Rn 23 zu Art. 48, in: von Münch/Kunig, Grundgesetz-Kommentar, Band 2, 3. Aufl., 1995.

6 So der Titel des 1993 erschienenen Buchs des Freiburger Oberbürgermeisters *Rolf Böhme*.

7 Empfehlungen der Kommission unabhängiger Sachverständiger zur Parteienfinanzierung vom 19. 2. 1993, Bundestagsdrucksache 12/4425, S. 30 f.

8 *Stefan Barton*, Der Tatbestand der Abgeordnetenbestechung, Neue Juristische Wochenschrift 1994, 1098: »Zwar hat der Gesetzgeber die Abgeordnetenbestechung unter Strafe gestellt, den Bereich des Strafbaren dabei aber so eng gefaßt, daß wohl niemals ein Abgeordneter oder Lobbyist nach dieser Vorschrift bestraft werden wird. Die Norm bleibt weitgehend ohne instrumentelle Wirkung, reduziert sich auf ein symbolisches Fanal, das wirksamen Rechtsschutz (Verhinderung von politischer Korruption) eher erschwert als fördert.«

9 Auf einige Argumente hat schon die bayerische Diätenkommission hingewiesen, als sie die Argumentation des Bonner Berater-Gremiums von 1990, wonach die Diäten massiv erhöht werden müßten, zurückwies (oben Kapitel 4, zu Anmerkung 49).

10 *von Arnim*, Staat ohne Diener, 1993, 295 ff., 314 ff.

11 BVerfGE 85, 264 (290).

12 Vgl. auch Kissel-Kommission, Bundestagsdrucksache 12/5020, S. 5: »Im übrigen galt das Augenmerk der Kommission u. a. auch der Entwicklung des Abgeordnetenrechts in den Ländern . . .«

13 Näheres bei *von Arnim*, Die Partei, der Abgeordnete und das Geld, 1991, 214 ff.
14 Bundestagsdrucksache 12/5020, S. 10.
15 So der Direktor des Niedersächsischen Landtags *Albert Janssen*, Der Landtag im Leineschloß, in: Präsident des Niedersächsischen Landtags, Rückblicke – Ausblicke, 1992, 15 (31).
16 Nach Angaben der Kissel-Kommission, Bundestagsdrucksache 12/5020, Anlage 15 (Stand 12/1992).
17 *Christopher Hood/B. Guy Peters* (ed.), Rewards at the Top. A Comparative Study of High Public Office, SAGE Publications, London/Thousand Oaks/New Delhi 1994, Chapter 2.
18 Die Angaben beruhen auf dem Bericht der Kissel-Kommission und datieren vom Dezember 1992.
19 Kissel-Kommission, am angeführten Ort.
20 Kissel-Kommission, am angeführten Ort.
21 Arbeitnehmer- *und* Arbeitgeberbeiträge.
22 Presse- und Informationsamt der Bundesregierung, Sozialpolitische Umschau vom 31. 7. 1995, S. 5.
23 Vgl. den Beitrag »Zur Finanzentwicklung der gesetzlichen Rentenversicherung seit Beginn der neunziger Jahre«, Deutsche Bundesbank, Monatsbericht März 1995, S. 17.
24 Zu diesem methodischen Ansatz *Christopher Hood/B. Guy Peters*, Rewards at the Top, SAGE Modern Politics, Series Volume 33, 1994, S. 7 f.

Kapitel 6

1 Zuruf aus dem Plenum zu Ausführungen eines Vertreters der Grünen bei der ersten Lesung der Gesetzentwürfe am 29. 6. 1995 (Protokoll, S. 3859 [A]): »Was ist aus den Grünen geworden!«
2 Näheres bei *von Arnim*, Der Staat als Beute, 1993, 29 ff.
3 *von Arnim*, Der Staat als Beute, 1993, 67 ff.
4 BVerfGE 85, 264 (292).
5 BVerfGE 40, 296.
6 BVerfGE 76, 256 (341 ff.).
7 *Hans Heinrich Rupp*, Legitimation des Parlaments zur Entscheidung in eigener Sache, Zeitschrift für Gesetzgebung 1992, 285 (288).
8 *Ernst-Rudolf Huber*, Deutsche Verfassungsgeschichte, Band III, 3. Aufl., 1988, 922.

9 Vgl. *Eschenburg*, Der Sold des Politikers, 1959, 58 f.; *von Arnim*, Bonner Kommentar, Zweitbearbeitung des Art. 48 GG (1980), Rn 58 ff. mit weiteren Nachweisen.

10 *Ernst-Rudolf Huber*, Deutsche Verfassungsgeschichte, Band VI, 1981, 411 f.

11 *von Arnim*, Die Partei, der Abgeordnete und das Geld, 1991, 54 ff.

12 *von Arnim*, Die Partei, der Abgeordnete und das Geld, 1991, 82 ff.

13 So die berühmte Formulierung des Bundesverfassungsgerichts im Diätenurteil. Dazu alsbald im Text.

14 BVerfGE 40, 296 (316 f.). Hervorhebung des Wortes »selbständig« im Urteil.

15 BVerfGE 40, 296 (327).

16 Der Umstand, daß die Entschädigung von Abgeordneten im Ausland gelegentlich durchaus an Beamtenbezüge gekoppelt ist, besagt für die Beurteilung der Verhältnisse in der Bundesrepublik nichts. In jenen Ländern gibt es regelmäßig keine ausgebaute Verfassungsgerichtsbarkeit. Zudem werden dort die Bezüge von Beamten, die – anders als in der Bundesrepublik – zumeist streiken dürfen, regelmäßig durch die Tarifparteien festgesetzt, nicht durch den Besoldungsgesetzgeber wie in der Bundesrepublik. (Überblick bei *Matthias Niedobitek*, in: *Magiera/Siedentopf* [Hg.], Das Recht des öffentlichen Dienstes in den Mitgliedstaaten der Europäischen Gemeinschaft, 1994, 11 [53–57].)

17 *von Arnim*, Zur »Wesentlichkeitstheorie« des Bundesverfassungsgerichts. Einige Anmerkungen zum Parlamentsvorbehalt, Deutsches Verwaltungsblatt 1987, 1241 (1245 f.) mit weiteren Nachweisen.

18 *von Arnim* (wie vorangehende Anmerkung).

19 Bundestagsdrucksache 13/1825.

20 BVerfGE 76, 256 (341 f.).

21 Dieses Verständnis wird auch durch eine Auskunft des Sekretariats der Rechtsstellungskommission bestätigt.

22 BVerfGE 85, 264 (291).

23 BVerfGE 20, 56.

24 Näheres bei *von Arnim*, Die Partei, der Abgeordnete und das Geld, 1991, 54 ff., 82 ff., 100 ff., 120 ff.

25 So auch die Kissel-Kommission, Bundestagsdrucksache 12/5020, S. 22: »Für jede Entscheidung über die Anpassung der durch Gesetz festgelegten Entschädigung bedarf es der Heranziehung unterschiedlichster Kriterien und deren politischer Gewichtung ... Die Kommission sieht daher keine Möglichkeit, eine irgendwie geartete Koppelung

der Anpassung an zum Beispiel vom Statistischen Bundesamt vorgegebene wirtschaftliche Bezugsgrößen zu empfehlen.«

26 Ein Redner der FDP (und Kritiker des neuen Verfahrens) geht darauf immerhin in der ersten Lesung der Gesetzentwürfe am 29. 6. 1975 öffentlich ein; *Burkhard Hirsch*, Bundestagsprotokoll S. 3862: »Das Bundesverfassungsgericht hat einer solchen Automatik eindringlich und wiederholt und mit sorgfältiger Begründung widersprochen. Es ist lächerlich, genau das nun in die Verfassung hineinzuschreiben, gerade um dem Verfassungsgericht zu entgehen.« In den *nicht* veröffentlichten Materialien der Rechtsstellungskommission wird dies natürlich ebenfalls sehr klar gesehen: »Ohne Verfassungsergänzung«, so heißt es dort, müßte es »beim bisherigen Verfahren (wie seit 1977) verbleiben.«

27 So ganz unverblümt *Eyermann*, Die ewigen Diätenquerelen, Zeitschrift für Rechtspolitik 1992, 201 (203): »Es ist nicht gesagt, ob sich jemand findet, der das Bundesverfassungsgericht anruft und, wenn doch, noch viel weniger, ob das Gericht an seiner bisherigen Auffassung festhält.«

28 Gesetzentwurf der Fraktionen der CDU/CSU und SPD eines Gesetzes zur Änderung des Grundgesetzes vom 28. 6. 1995, Bundestagsdrucksache 13/1824.

29 Als eine Art »Vorbild« mag den Initiatoren des ganzen Vorhabens eine neue Verfassungsbestimmung im Freistaat Thüringen vorgeschwebt haben. Dort ist, wie oben (Kapitel 3, S. 43 f.) erwähnt, in die Landesverfassung eine Vorschrift eingefügt worden, die die Entschädigung jährlich entsprechend der allgemeinen Einkommensentwicklung in Thüringen verändert (Art. 54 Abs. 2 ThürVerf). Diese Vorschrift bezeichnete der Ministerpräsident von Thüringen Dr. Bernhard Vogel als »wegweisend« auch für andere Parlamente (*Dr. Bernhard Vogel* im Thüringer Landtag am 26. 1. 1995, Protokoll S. 14), und einige Bundestagsabgeordnete haben den verführerischen »Charme« einer Verfassungsbestimmung, die den Abgeordneten die öffentliche Rechtfertigung von Erhöhungen ihrer Diäten abnimmt und ihnen zugleich gewaltige, scheinbar objektiv vorgegebene Niveauerhöhungen erlaubt, alsbald erkannt. So wünschte sich der Bundestagsabgeordnete *Dr. Dieter Wiefelspütz*, Mitglied der Rechtsstellungskommission und Vorsitzender des (jetzt auch für die Beratung der Gesetzentwürfe über die Diätenerhöhung zuständigen) Bundestagsausschusses für Wahlprüfung, Immunität und Geschäftsordnung, eine ähnliche Regelung für den Bundestag. Der Thüringer Allgemeinen erklärte der SPD-Abgeordnete: »Wir haben nach mehreren Nullrunden ein Gehaltsdefizit

von 3000 bis 4000 Mark brutto im Monat. Wir werden aber in diesem Jahr im Zuge einer Parlamentsreform auch an die Diäten herangehen. Vor allem wollen wir weg von Entscheidungen in eigener Sache. Mir wäre am liebsten eine Verfassungsänderung, mit der die Diäten an einen Index anknüpfen, so daß Abgeordnete teilnehmen an der allgemeinen Einkommensentwicklung.« (Thüringer Allgemeine vom 6. 2. 1995) Und der stellvertretende Vorsitzende desselben Ausschusses, der CDU-Abgeordnete *Berthold Reinartz*, ergänzte: »Man könnte die Diäten an die Beamtengehälter oder die Tarife im öffentlichen Dienst anbinden.« (Thüringer Allgemeine vom 7. 2. 1995) Doch die neue thüringische Verfassungsvorschrift und die umstrittene Frage, inwieweit diese Vorschrift verfassungsgemäß ist (dazu *von Arnim*, Stellungnahme zur Neuregelung der Abgeordnetendiäten in Thüringen, Februar 1995, Typoskript), gibt für *unser* Problem nichts her. Denn die dortige Regelung war insofern wesentlich anders als die jetzt im Bund anstehende, als sie die Entschädigung nicht an eine *vom Parlament zu bestimmende* Größe – R6-Besoldung – band, sondern an die von ihm nicht, jedenfalls nicht direkt, zu beeinflussende allgemeine Einkommensentwicklung. Zudem war die zugrunde liegende Vorschrift der Landesverfassung zusammen mit dieser einer *Volksabstimmung* unterworfen worden, also einem Entscheid durch einen anderen als die betroffenen Abgeordneten selbst. Deshalb besitzt auch der Hinweis des Abgeordneten *Scheu* (Protokoll des Deutschen Bundestags, S. 3864 A) auf einen Aufsatz des thüringischen Landtagsdirektors *Joachim Linck* (Zeitschrift für Parlamentsfragen 1995, 376 ff.), der sich mit der thüringischen Problematik befaßt, nur vordergründige Plausibilität. Selbst wenn die dort von Linck vertretene Auffassung, die Regelung sei verfassungsgemäß, zutreffen sollte (dazu kritisch *von Arnim*, am angeführten Ort), gibt sie jedenfalls für die Beurteilung der nun vorliegenden Bonner Gesetzentwürfe nichts Abschließendes her.

30 Ein weiteres Motiv könnte in folgendem liegen: Die Verbindung der Entschädigung mit den Bezügen von Richtern an einem obersten Bundesgericht im Grundgesetz selbst verleiht Diätenerhöhungen den Eindruck besonderer Weihe, weil die Normen des Grundgesetzes als Ausprägungen höherer demokratisch-rechtsstaatlicher Richtigkeit gelten. Dabei übersieht man aber, daß das Parlament diese Grundgesetzbestimmungen in eigener Sache selbst gebastelt hat, so daß von höherer Weihe keine Rede sein kann. Im Gegenteil: Versuche des Parlaments, die Verfassung zum eigenen Wohle zu manipulieren, erscheinen verfassungspolitisch besonders problematisch.

31 Bundestagsdrucksache 13/1803, S. 11.
32 Bundestagsdrucksache 13/1824, S. 4.
33 Abg. *Scheu*, Protokoll, S. 3864 (A): »Die Bestimmung der angemessenen Abgeordnetenentschädigung ist durch den Verweis auf die Bundesrichterbezüge so offen, daß dem demokratischen Gesetzgeber, was durch den Verweis in Art. 48 Abs. 3 Satz 3 auf die näheren Regelungen durch Bundesgesetz noch verstärkt wird, hinreichender materieller Entscheidungsspielraum verbleibt.«
34 Dazu, welche Zulagen § 11 des Gesetzentwurfs zu den Jahresbezügen rechnet, Kapitel 3, S. 26 f..
35 So auch Abg. *Hirsch*, Protokoll, S. 3862 (A).
36 Abg. *Häfner*, Protokoll, S. 3860 (B).
37 Vgl. § 124 Gerichtsverfassungsgesetz, § 10 Abs. 1 Verwaltungsgerichtsordnung, § 41 Abs. 1 Arbeitsgerichtsgesetz, § 10 Abs. 1 Finanzgerichtsordnung, § 38 Abs. 2 Sozialgerichtsgesetz.
38 Abg. *Scheu*, Protokoll, S. 3865.
39 Dies klingt im (veröffentlichten) Bericht der Rechtsstellungskommission (Bundestagsdrucksache 13/1803, S. 14) zwar nur an: »Ferner wurde (in den ergänzenden Vorschlägen eines Mitglieds der Kommission) auf die Frage einer Zulage für Ausschußvorsitzende ... eingegangen«. In den (nicht veröffentlichten) Vorschlägen dieses Mitglieds wird dagegen ausdrücklich die Frage erörtert, »für Ausschußvorsitzende eine nicht ruhegehaltfähige ›Zulage‹ in Höhe des Differenzbetrages ›R6 : R8‹ (mindestens) zu ›R7‹ vorzusehen ... Sie könnte – jedenfalls nach Ergänzung des Art. 48 Abs. 3 – m. E. für zulässig erachtet werden.«
40 Bundestagspräsidentin *Süssmuth*, Protokoll der 1. Lesung des Gesetzentwurfs am 29. 6. 1995, S. 3853 (D).
41 Zur Frage, inwieweit die Verfassungsvorschrift mit Art. 79 Abs. 3 GG vereinbar ist, siehe S. 137 ff..
42 Bundestagsdrucksache 13/1803, S. 11 (Entschädigung), 14 (Altersentschädigung).
43 Bundestagsdrucksache 13/1825, S. 3 (Entschädigung), 4 (Altersentschädigung).
44 Dazu Abg. *Scheu* in der ersten Lesung der Gesetzentwürfe am 29. 6. 1995, S. 3864 (B): »Das Wesentliche, das heißt die grundlegenden Strukturelemente, die die Gestaltung des Abgeordnetenmandats maßgeblich bestimmen, muß durch Parlamentsgesetz nach den Grundsätzen der ›Außenrechtssetzung‹ erfolgen. Anderes kann nach hinreichender Bestimmung von Inhalt, Zweck und Ausmaß der Ermächtigung von Hilfsorganen des Parlaments geregelt werden.«

45 BVerfGE 40, 296 (327).
46 Bundestagsdrucksache 13/1803, S. 19.
47 BVerfGE 40, 296 (327).
48 BVerfGE 40, 296 (319).
49 BVerfGE 30, 1 (25). Vgl. auch S. 24: »Grundsätze werden ›als Grundsätze‹ von vornherein nicht ›berührt‹, wenn ihnen im allgemeinen Rechnung getragen wird und sie nur für eine Sonderlage entsprechend deren Eigenart aus evident sachgerechten Gründen modifiziert werden. Die Formel, jene Grundsätze dürfen ›nicht berührt‹ werden, hat also keine striktere Bedeutung als die der verwandten Formel in Art. 19 Abs. 2 GG, wonach in keinem Fall ein Grundrecht ›in seinem Wesensgehalt angetastet‹ werden darf.« Vgl. auch BVerfGE 84, 90 (121).
50 bzw., wenn »ein zwingender, sachlich einleuchtender Grund es erfordert«; BVerfGE 30,1 (28). In BVerfGE 84, 90 (121) ist von »sachgerechten Gründen« die Rede.
51 Inwieweit die neue Verfassungsvorschrift damit ihrerseits verfassungswidrig ist oder in »verfassungskonformer Auslegung« Bestand haben kann, kann hier offenbleiben.
52 *Hildegard Krüger*, Die Diäten der Bundestagsabgeordneten, Deutsches Verwaltungsblatt 1964, 220.
53 *Julius Hatchek*, Das Parlamentsrecht des Deutschen Reiches, 1. Teil, 1915, 627 f.
54 *von Arnim*, Zweitbearbeitung des Art. 48 GG im Bonner Kommentar (1980), Rn 87.
55 Dazu *Winfried Brugger*, Ein amerikanischer Vorschlag zur Kontrolle von Diätenerhöhungen, Zeitschrift für Rechtspolitik 1992, 321.
56 *Leo Wieland*, Mit Madison wider die Selbstbedienung der Diätenerhöher, Frankfurter Allgemeine Zeitung vom 22. 5. 1992.
57 Empfehlungen der Kommission unabhängiger Sachverständiger zur Parteienfinanzierung, Bundestagsdrucksache 12/4425, S. 42.
58 Parteienfinanzierungskommission, am angeführten Ort.

Kapitel 7

1 *Christopher Hood/B. Guy Peters* (Hg.), Rewards at the Top, SAGE Modern Politics Series Volume 33, 1994, S. 1.
2 *Wildenmann*, zum Beispiel in: Mühleisen (Hg.), Das Geld der Parteien, 1986, 80 (82).

3 BVerfGE 85, 264 (290).
4 Siehe Schaubild 4, S. 74.
5 Siehe Tabelle 4, S. 160 und Schaubild 1, S. 53 f.
6 Siehe Kapitel 3, S. 47 ff..
7 Siehe Kapitel 4 mit Schaubild 4., S. 74.
8 Kapitel 5.
9 Kapitel 2.
10 Kapitel 3.
11 Dazu insgesamt Kapitel 6.
12 Siehe Kapitel 3, S. 40 ff.; Kapitel 6, S. 125 ff..
13 Empfehlungen der Kommission unabhängiger Sachverständiger zur Parteienfinanzierung, Bundestagsdrucksache 12/4425, S. 30, 55 f.
14 Näheres bei *von Arnim*, Staat ohne Diener, 1995 (überarbeitete Taschenbuchausgabe).
15 Siehe Kapitel 2.
16 Siehe Kapitel 3, S. 36 ff.
17 Bericht und Empfehlungen der Unabhängigen Kommission zur Überprüfung des Abgeordnetenrechts, Bundestagsdrucksache 12/5020, S. 14, 25.